내가 나를 사랑하기까지

내가 나를 사랑하기까지

:

사랑하기를 포기하지 마세요

전이래 지음

세상이 나를 사랑해 주지 않기에, 어른들은 섬세하지 않기에
나는 나를 사랑해야 한다

좋은땅

책 소개

:
.

　나를 사랑한다는 것은 무엇을 의미하는 것일까? 혐오가 당연한 사회에서 나 자신을 사랑하기란 쉽지 않은 일이다. 그럼에도 불구하고 자신은 자신을 사랑해야만 한다. 사회가 아무리 외모로 날 비판하더라도, 나의 겉모습을 비판하더라도, 나의 자산으로 날 비판하더라도, 나의 직업으로 날 비판하더라도 나만은 날 믿고 사랑해 줘야만 한다.

　도서관에 가 보면 많은 책들이 진열되어 있다. 돈 버는 법을 다루는 책도 있고, 성공하는 법을 다루는 책도 있고, 예뻐지기 위해 어떠한 노력을 해야 하는지에 대한 책들이 진열되어 있다.

　도서관을 한 번만 돌아봐도 세상이 무엇을 원하고, 우리에게 무엇을 요구하는지 볼 수 있다. 물론 내가 쓰는 책처럼 자신을 사랑할 수 있는 방법을 다루는 책도 존재한다. 하지만 막상 그런 책을 읽으면 읽을수록, 세상과 나는 동떨어진 존재라는 느낌이 든다.

　그러한 책을 읽으면 당장에 복잡한 마음이 진정될 수 있겠지만, 내가 세상 속에서 살아가는 데 필요한 근본적인 해결 방안을 찾아 줄 수는 없다는 것을 느낀다. 책에 내용이 너무 가벼울뿐더러, 정말 자신을 사랑하는 방법을 기술한 책처럼 보이지만, 자세히 읽어 보면 대부분 자기만족에 대한 내용들뿐이다. 세상의 기준은 틀렸으며, 자신의 생각을 믿고, 나아가라는 내용뿐이었다.

겉보기에는 너무 좋은 내용이고, 누구나 납득할 만한 내용이지만, 한 가지 가정을 해 보자. 세계 2차대전에 주범인 히틀러에게 "당신은 옳고, 세상의 기준은 틀렸습니다."라며 가르치는 사람이 있다면, 어땠을까?

이러한 가정은 나의 등골을 서늘하게 만들기 충분했다. 대중들이 읽는 책을 쓰는 사람에게 내가 감히 권하고 싶은 조건은 겸손과 책임감이다.

그래서 난 한 글자 한 글자 적을 때마다 긴장을 안 할 수가 없다. 누군가에게 나의 생각을 전한다는 것은 위험할 수 있는 일이기에 막중한 책임이 필요하다. 그래서 만약 나의 글을 읽어 주는 독자가 생긴다면, 독자님들과 많은 얘기와 토론을 하며, 책 내용 중에 독자들로 하여금 오해할 수 있는 부분이나 오류를 고쳐 나가고 싶다는 생각이 들었다.

자기만족은 쉽지만, 자기를 사랑하는 일은 쉬운 일이 아니다. 또한 세상과 동떨어진 나를 사랑하는 법이 아닌 세상 속에서 살아 숨 쉬는 나를 다루는 내용이기에 더욱이 세상 속에서 살아 숨 쉬는 자기 자신을 사랑하는 일을 다루는 내용을 서술하기란 나에게 쉬운 일이 아니었다.

자신을 사랑하기 위해서는 나에 대한 이해가 필요하고 나와 상호작용하는 타인과 문화에 대한 이해가 필요하며, 내가 존재하는 세상 속에서 선과 악이 무엇인지에 대한 이해가 필요하다.

그리고 궁극적으로 사랑이란 무엇인지에 대한 철학이 필요하다. 많다고는 할 수 없지만, 그래도 철학책을 읽으며, 아쉬웠던 점은 사랑에 대한 철학이 없다시피 한다는 것이다.

사랑이란 무엇일까? 그저 감정적으로 끌리는 것을 야기하는 것일까? 그렇다면 사랑을 받을 그 대상은 누구인가? 우리에게 사랑이란 감정은 하나의 단순한 도구로서 존재한다. 하지만 그것은 그저 착각일 뿐 사랑은 철학이다. 철학은 어렵고, 복잡하며 이해하기 힘들다. 우리가 사랑이란 명목하에 사랑을 한다고 하지만 대부분 그 사랑은 상처가 되는 경우가 많다. 사랑은 공부가 필요한 주제다. 사랑은 가벼운 것이 아닌 무거운 것이다.

그래서 현재 많은 사람들이 사랑하기를 포기한다. 가정 안에서는 사랑보다는 서로 미워하기 바쁘다. 가정뿐만 아니라 이런 현상은 학교, 직장 등 전 세계적으로 퍼져 있다. 사랑 대신 혐오가 가득하다. 메신저를 보더라도 칭찬을 하는 글보다. 조롱과 비난을 하는 경우가 많다. 비판을 할 수는 있다. 진정으로 걱정하고, 변하기를 바라는 마음에 그럴 수 있다. 하지만 논리 없는 비난은 무가치하며, 좋을 게 하나 없는 쓰레기다. 우리는 아무 곳에나 쓰레기를 버리듯 메신저에 글을 쓴다.

우크라이나와 러시아, 그리고 이스라엘과 하마스는 전쟁 중에 있으며, 세계경제는 최악인 이 세상에서 서로가 서로를 사랑한다는 것은 더욱이 힘든 일이 됐다. 사랑은 힘들지만 혐오는 쉬운 세상이 되었다. 우리는 서로를 사랑할 필요가 있다. 어느 순간 혐오는 익숙하지만, 사랑은 낯선 것이 되어 버렸다.

그렇기에 사랑에 대한 지침서를 써 보고 싶어졌다. 학교에서도 가정에서도 배울 수 없는 그런 사랑을 서술하고 싶어졌다. 사랑을 아는 것은 나를 사랑하기 위해 꼭 필요한 과정이다.

목
차

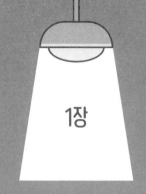

1장

나는 누구인가?

나를 사랑하기 위해서는 자기 자신에 대한 이해가 필요하다. 나라는 존재가 어떠한 존재인지를 깨달아야 한다. 나의 탄생은 어떻게 시작됐을까? 이러한 질문에 모두가 똑같은 답을 내놓을 것이다. 만약 다르게 얘기하는 사람이 있다면 그 사람의 의견은 틀린 것이 분명하다.

우리의 존재를 시작하게 한 원인은 단 한 가지밖에 없다. 바로 우리의 부모님을 통해 나라는 존재는 눈을 뜨게 된 것이다. 우리가 출산되는 과정에서 우리를 창조하게 된 원인은 한 가지밖에는 없다.

그렇다면 지금에 나를 존재하게 하는 것은 무엇일까? 아마 이 질문에 모든 사람은 다르게 대답할 것이다. 나와 다른 답을 내놓는다고 해서 그 사람이 틀렸다고 얘기하는 사람은 없을 것이다. 그 사람은 다른 것일 뿐 틀리지 않았다.

지금의 난, 적어도 세상을 인식할 수 있게 된 난 수많은 과정과 시간을 거치며 현재의 문화 속에 살면서 점차 성장한다. 우리는 많은 것을 보고, 듣고, 느끼며 나라는 존재를 확립해 나간다.

현재 나라는 존재를 구성하게 한 원인은 점점 다양해지고 복잡해질 것이다. 내가 만나는 사람이 많아지고, 많은 문화를 접하며, 점점 복잡해지는 상황 속에서 많은 어려움이 생겨난다. 그리고 그런 어려움을 이겨 내며, 나라는 존재는 점점 변해 간다. 지금 이 순간에도 나를 구성하는 것들이 다양해지고, 복잡해진다.

단순했던 삶의 방식은 복잡해지고, 어지러워지고, 현기증이 나기 시작할 것이다. 그러한 상황 속에서 난 무엇을 할 수 있을까? 대부분에 사람들은 그저 상황에 휩쓸려 갈 뿐 해결 방안을 생각하는 사람은 극히 드물 것이다.

과거로부터 수많은 과정을 거치고, 우리 부모님 세대를 거쳐 나라는 존재가 탄생한다. 나의 주변 상황은 언제나 갑작스럽고 순식간에 뒤바뀐다. 출산을 앞에 둔 아기였던 나는 익숙한 어머니의 품속에서 나와 갑작스러운 상황을 마주하게 된다.

아기였던 나는 울음을 안 터뜨리려야 그럴 수 없는 상황에 놓였을 것이다. 나를 둘러싼 이상한 사람들, 갑작스럽게 밝아진 세상, 고요했던 세상은 혼란과 공포로 뒤덮인다. 출산이란 것은 나에게는 혼돈과도 같은 것이다.

낯선 세상 속에 아기였던 나는 두려움에 사로잡혀 울음을 터뜨렸을 것이다. 그리고 익숙한 어머니의 맥박 소리와 함께 나의 두려움은 점차 사라지고 안정을 찾은 뒤 잠에 들었을 것이다. 부모의 대한 믿음이 나를 안정시킨 것이다.

아기들은 그렇게 태어나 자란다. 하지만 모두가 똑같은 환경과 부모에게 자라는 것은 아니다. 누군가에게 아기는 걸림돌 되고, 또 어떤 이에게는 집착에 대상이 되기도 한다. 세상에 모든 아기가 축복을 받으며, 살아가지 못한다. 누군가에게 아기는 저주와 같은 것이다. 준비되지 않은 상태의 부모가 아기를 낳는 경우 그런 현상이 발생한다. 그럼에도 아기는 살아 있고, 성장한다.

머리도 제대로 못 가누고, 누군가의 도움 없이는 살아가지 못하는 완전히 수동적인 존재가 바로 이 시기다. 그리고 가장 나다울 수 있는 시기다.

내가 배고프면 울고, 졸리면 자고, 나의 본능에 가장 충실할 수 있는 시기다. 살고 싶어서 먹고, 살고 싶어서 자고 본능은 나의 생존을 위해 작동한다. 임의로 부모가 아이의 생존 의지를 판단하여, 목숨을 빼앗는 짓은 용서할 수 없는 악이다.

이렇게 아기들은 각자의 이름을 갖게 되고 외부로부터 좋은 것이든 나쁜 것이든 보고 배우며 지금의 나를 존재하게끔 한다. 그리고 지금의 나를 존재하게끔 한 원인들을 마음속에 쌓아 가며 살아간다.

그 원인들이 모여 점차 나라는 사람이 만들어진다. 창조는 한순간에 이루어지는 것이 아닌 많은 시간과 세상 속에서 상호작용하며, 과정으로서의 창조가 이루어진다. 창조는 아직 끝나지 않았다. 나라는 사람의 창조는 아직 진행 중이며, 그 창조가 언제 끝날 것인지는 나를 포함한 그 누구도 알지 못한다.

나를 사랑하기 위해서는 나라는 사람을 파악해야 하는데, 그것은 쉬운 일이 아니다. 세상이 평가하는 나, 내가 생각하는 나, 주변 사람들이 생각하는 나 등등 세상 속에서 나는 단순함과는 아주 거리가 멀다.

그래서 '아기 때에 나는 어떤 세상에서 살았는가'가 지금에 나를 파악하기에 중요한 단서가 된다. 아기 때에 나는 가장 단순했기에 혼란스럽고, 복잡한 현재 나에게서 벗어나 아기 때의 나를 생각하는 시간을 갖는 것도 좋다고 생각한다.

내 말이 이해되지 않을 수도 있겠지만, 내가 생각해 보라고 한 것이 아기 때의 기억은 아니다. 물론 극소수 사람들이 아기 때의 기억을 기억할 수 있다지만, 내가 해 보라고 한 생각은 아기였을 때의 기억이 아닌, 아기 때의 내가 상호작용하고 있을 세상이다.

현재 난 너무나 많은 것들과 관련되어 있고, 너무 많은 것들과 얽혀 있으며, 감정의 소용돌이 속에서 살아가고 있음에 지금의 나를 파악하기란 쉽지 않지만, 아기 때의 내가 상호작용할 수 있던 거라고는 부모밖에 없다. 그러므로 아기 때의 나를 파악하기란 그렇게 어려운 일이 아닐 수도 있다.

지금에 내가 아기 때의 모습을 향유할 수 있는 방법은 자신의 부모가 어떤 사람인지를 생각해 보는 것이다. 부모의 육아 방법이 어땠으며, 부모가 나를 어떻게 생각하는지 그리고 내가 어떻게 자라기를 바랐는지에 대한 것들이 지금의 나를 있게 한 원인들 중 가장 큰 원인일지 모른다.

내가 생각하는 부모의 유형은 크게 네 가지라고 생각한다. 네 가지 유형의 부모를 서술할 때 나의 부모는 어떤 유형인지 생각해 보며 읽기를 바란다.

• 아기를 동등한 인격체로 봐 주는 부모

사실 아기들을 자신의 아래로 보는 부모들이 대부분일 것이다. 그런 경우는 대부분 사회에서 생활하던 사람들이 육아를 보는 것에 있어서 쉽게 저지를 수 있는 실수다. 우리는 보통 무의식적으로 자신이 낳은 아기가 나보다 나이가 적고, 내가 배 아파 낳은 자식이라는 이유로 아기를 자신의 아래로 본다.

하지만 모두가 그런 것은 아니다. 누군가는 자신의 아이를 친구로서 가르치고, 친구로서 놀아 주고, 친구로서 잔소리하는 부모님이 존재한다.

사실 아이를 동등한 인격체로 봐 주는 것은 상당한 사랑이 필요한 일이다. 밥도 잘 못 먹고, 잠도 잘 못 자고, 나에게 이로울 것이라고는 없어 보이는 육아를 하면서도 친구로서 아이의 옆에 있어 준다는 것은 상당한 노력이 필요하지만, 노력만큼이나 사랑을 필요로 한다.

보상 심리는 애나 어른 할 것 없이 누구나 가지고 있는 심리다. 하지만, 보상 심리를 뛰어넘는 사랑은 아무나 할 수 없는 일이다. 나의 시간과 노력을 투자함에 있어서 결과가 좋지 않아도 누군가의 존재만으로 만족할 수 있고 행복할 수 있다는 것은 쉽지 않은 일이다.

이러한 사랑을 잘 보여 준 것이 성경에 나오는 예수라는 인물이다. 예수라는 인물은 세상의 사람들을 구원하기 위해 십자가에 매달려 죽음을 맞이한 인물이다. 그가 세상 사람들에게 원하는 것은 존재하지 않았다. 그저 세상이 구원받기만을 바랐을 뿐 예수는 그 어떤 보상도 바라지 않고 다른 이를 위해 자신을 희생한 인물이다.

사실 누구나 보상을 바라지만, 어른이 된 입장에서 그러한 마음을 조금은 숨겨야 될 필요가 있다고 생각한다. 보상 심리보다는 책임감을 가지고 모든 일을 임해야 된다는 것이 나의 생각이다.

보상 심리는 사회생활을 하면서 가장 잘 드러나는 심리 중 하나다. 우리는 일한 만큼 받고 싶어 하고, 회사는 자금을 지불한 만큼 수익이 나길 바란다.

물론 교육을 위해 보상 심리를 이용하는 것이 나쁜 건 아니지만, 아이를 나와 동등한 인격체로 보지 않고, 무엇인가 이익을 바라는 것은 옳지 않다.

가정은 회사가 아니며, 상하 구조가 존재해서도 안 된다. 아이를 교육할 때에 목적은 나의 이익이 아닌 오로지 아이의 미래를 위한 교육이 돼야 한다.

아이에게 건강하게만 자라 달라는 말은 거짓일 확률이 높다. 부모가 아이를 돌볼 때 존재 자체를 사랑하는 것이 쉽지만은 않은 거 같다. 존재만으로 사랑스럽다는 것이 가능은 한 것일까? 의문이 들 정도로 힘든 일이다.

예수가 십자가에서 타인을 위해 희생된 것처럼 아이의 존재를 그저 있는 모습 그대로 사랑해 주기는 쉽지 않다. 나의 잠을 방해하고, 시간을 방해하고, 일을 방해하는 아이를 위해 사랑한다는 것은 쉬운 일이 아니다. 나라는 존재를 포기하면서까지 아기를 사랑하는 것은 아무나 할 수 있는 일은 아니다.

아이가 있는 남편과 아내가 싸우는 이유 중 하나는 바로 밖에서 일하는 남편이 힘든지, 집에서 독박 육아를 하는 아내가 힘든지에 대한 싸움이다. 내가 생각하기에 그러한 싸움에 이유 자체가 잘못됐다.

아기를 위한 일이 아닌 자신을 생각하기에 그러한 이유로 싸움이 난다. 아기를 낳기 전 생각해 봐야 하는 것은 내가 아기를 있는 모습 그대로 사랑할 수 있는지, 그리고 아이를 위해서라면 무엇이든 할 수 있는지다. 엄마, 아빠 상관없이 두 명에게 모두 해당되는 이야기다.

아이를 가진 부모로서 상대방이 더 힘든지, 자신이 더 힘든지는 정말 중요하지 않다. 중요한 건 아이에게 내 모든 것을 내어 줄 수 있는 사랑이 존재하는지가 제일 중요하다. 그런 마음가짐을 가진 부모들이라면 굳이 육아 문제로 싸울 일이 없을 것이다.

아이를 갖는다고 어른이 되는 것은 아니다. 어른이 되어야만 어른이 되는 것이다. 어른이라 함은 나이, 성별 등을 앞세워 타인을 속박하지도 않고, 타인을 이해하고 존중하며, 자신이 한 실수를 인정한다.

또한 자신이 잘한 것에 있어서는 겸손할 줄도 아는 것이 어른이다. 이런 어른 밑에서 자란 아이들의 경우 부모님을 보고 배우며, 타인을 인격적으로 대할 수 있는 아이로 성장한다. 또한 세상 속에서 나라는 존재가 누구인지를 알고 살아간다.

그런 아이에 경우 세상 속에서 내가 좋아하는 것이 뭔지, 필요한 것이 뭔지, 득이 되는 것이 뭔지, 실이 되는 것이 뭔지를 분별하고 건강한 인격체로 자라난다. 하지만 세상에는 그런 부모가 많지는 않다는 것이 나의 생각이다.

그렇다고 절망할 일은 아니다. 위에서 말했다시피 이 책에서 부모님들의 유형을 알아보는 이유는 자신의 부모를 탓하기 위한 것이 아닌 오로지 자신이 어떠한 상태인지를 판단하기 위해서다. 인격적으로 나를 대해 줬던 부모님이 없어도 우린 인격적으로 세상을 살아갈 수 있다. 인간은 보고 들은 것을 정립하고, 심지어는 글로 표현할 수 있는 동물이다. 그러한 지성을 가졌다는 것이 얼마나 다행인지 모른다. 야생에서는 부모가 아이를 방치하는 것은 죽음을 야기하지만, 인간은 그렇지 않다. 우리가 못 배운 게 있다면 배우면 된다.

그리고 부모님을 탓하기에는 우리는 너무 나이를 먹었고, 우리의 부모님들은 우리에게 다음 세대를 물려줄 준비를 하고 계신다. 지금은 세상을 탓하고, 가족을 탓하고, 주변 사람들을 탓하기보다는 지금의 나를 돌아볼 필요가 있다.

• 아기를 동등한 인격체로 보지만 육아를 할 여유가 없는 부모

우리를 낳아 주고 길러 준 부모님도 사람이기에 세상 속에서 살아가야만 한다. 이런 세상 속에서 아이까지 돌보기란 쉬운 일이 아니다. 철저히 자본주의인 세상에서 사회생활과 육아를 동시에 하기에는 부모들에게 벅찰 수 있다고 생각한다.

과거부터 인류의 생존과 대가 끊기는 것을 막기 위해 출산이 무조건적으로 필요했지만, 시민의식과 기술이 발전함에 따라서 출산은 선택이 되었다. 그 이유는 무엇일까? 대표적으로 한 가지만 말하자면 바로 돈이다.

돈이 없어 아기를 낳지 않기도 하고, 갑작스러운 임신 소식에 아기는 축복이 아닌 나에게 찾아온 저주 그 자체가 되기도 한다. 아이를 돌볼 환경이 갖춰지지 않은 상태에서 아이를 낳아 버린 부모들은 패닉에 빠지고, 책임을 서로에게 미루기 시작하다, 싸우기 시작한다.

그래도 그들은 아이를 낳고 양육하며, 성장해 간다. 물론 그 반대에 경우도 있지만, 그럼에도 아이를 출산하기로 한 그들의 선택은 존경할 만하다. 생명에 대한 책임감은 절대 가벼운 것이 아님을 우리는 알아야 할 필요가 있다.

지금보다 더 못살았을 때도 우리는 아이를 출산하고, 아이를 돌봤다. 그렇기에 오늘날 아이를 낳고 책임감을 회피하며, 핑계 대는 것은 전혀 소용이 없다. 이것은 부모 둘 다에게 해당되는 이야기다.

남편이 양육비를 안 주고 가족을 버리다시피 해도 아내가 책임감을 갖고 키우면 아이는 살아갈 수 있다. 반대로 아내가 남편을 버리다시피 해도 만찬가지로 아이를 키울 수 있다. 남 탓을 하는 것보다 내가 좀 더 노력하는 것이 아이에게 더 필요할지도 모른다.

그렇게 바쁘게 살다 보면 아이에게 소홀해지기도 하고, 사회생활에 지쳐 아이에게 짜증도 나지만, 책임감과 사랑이 있다면 그 아이를 포기하지는 않을 것이다.

그렇게 여유 없이 살다 보면, 아이와의 교감을 할 시간이 없어 아이의 마음을 몰라주고, 신경 써 주지 못하면서 아이의 마음에는 두려움과 외로움이 자리하게 될 것이다. 하지만, 이것은 어쩔 수 없는 현대에 사는 부모들의 현실이다. 나중에 아이가 철이 들었을 때 자신의 입장을 잘 얘기하면 아이는 분명 이해해 줄 것이다.

우리는 사회생활을 하면서도 육아를 하는 그들을 비판할 수는 없다. 나는 지금은 없어졌지만 아주 조그마한 개척교회에 다닌 적이 있었다 그곳에서는 목사님의 가족들이 주일날 예배에 나와 예배를 받았다. 그리고 예배 시간에 뛰어놀고 있는 아이 두 명도 있었다.

뛰어노는 아이들을 아이들의 어머니가 보자 혼냈지만, 아이들의 아버지인 목사님은 혼내는 것을 말리며, 저게 아이들의 자연스러운 모습이라며, 놀게 냅두라 하셨다. 목사님은 아이들을 정말 사랑하는 사람이었다. 어느 날은 문뜩 TV에 나오는 연예인들에 모습이 나와 너무 달라 마음이 아프다고 말했다.

자신이 연예인과 다른 점은 그들이 가지고 있는 외모나 명성이 아닌 그들과 달리 육아를 잘해 주지 못한 부분이었고, 그런 점이 마음이 아프다는 것이었다. 주말에는 교회를 운영하고 평일에는 일을 나가야 되기에 목사님에게는 여유가 없었고 재정적인 부분에서도 아이를 가진 연예인과 다를 수밖에 없던 것이다.

그리고 연예인이 나오는 육아 프로그램을 보며, 나와 같은 부모들이 많을 것이라고 말했다. 해 주고 싶어도 못 해 주는 부모님들의 마음이 무엇인지를 조금은 알 것도 같았다. 아이들과 같이 시간을 보내는 것이 중요하다 생각하지만, 세상은 그리 호락호락하지 않은 거 같다.

TV에 나온 것처럼 같이 촉감놀이도 해 주고, 책도 읽어 주고, 여행도 다니고 싶지만 사회생활을 하며 아이들과 시간을 갖는 건 점점 어려워져만 간다.

여자들은 출산을 하게 되면 몸도 망가지고 휴가가 끝나고 복직한다고 해서 전과 같은 대우를 받지 못한다. 그런 이유로 퇴사를 하면 경력 단절로 앞으로의 사회생활에 있어서 복직을 하여 정상적으로 업무를 못 할 확률이 크다 회사는 경력 좋고 젊은 사람을 원하지 경력도 애매하고 나이많은 사람을 필요로 하지 않는다.

그럼에도 아이를 키우기 위해 엄마들은 공장에 나와 일을 하거나 택배일을 시작한다. 아이와 놀아 주는 것이 아닌 아이를 위해 돈을 버는 방식으로 육아를 하게 된다. 그 과정에서 아이는 할머니, 할아버지에게 맡겨지거나 베이비시터를 통해 길러지고, 어린이집에 맡겨진다.

내가 아기였을 때 친할머니 손에 자랐다. 나의 아버지와 어머니는 일을 하느라 정신이 없었고 삼 남매의 보금자리를 마련하기 위해 돈을 벌었다. 그리고 내가 조금씩 세상을 인식할 수 있게 됐을 때 비로소 어머니와 아버지와 같이 살 수 있었지만, 그때에도 난 대부분에 시간을 유치원에서 보내다가 날이 어두워지면 할머니 집에 맡겨졌다.

부모와 있던 시간은 어린 나에게 있어서는 너무 적었고, 조금이라도 빨리 부모님을 만나고 싶었다. 매일 밤늦게까지 일하는 부모님이 미웠다. 나이 먹고 철이 들었을 때야 감사함을 느꼈지만, 어렸을 때 내가 이해하기는 어른들의 세계는 너무 어려웠고 심오했다.

부모의 모습을 보고 배워야 하는데 나는 그러지 못했다. 나의 색깔은 옅어져 갔고 나라고 할 만한 정서가 존재하지 않았다. 내가 존재한다는 사실만이 남은 채 무의미한 사람으로 자랐다.

부모님과 시간을 보내는 것은 중요한 일이다. 아기 때의 나의 전부였던 부모님의 부재는 나에게 큰 재앙이나 다름없다. 사자가 자기 자식에게 생존하는 법을 가르치듯 부모도 아기에게 생존하는 법을 가르쳐야만 한다.

부모는 아기에게 신앙이다. 아기에게 부모는 신과 같다. 아기의 생명은 부모에게 달렸고, 아이의 길잡이가 되어 주는 것도 부모다. 그런 부모가 아이와 함께할 수 없다는 게 아기에게 재앙이 아닐 수 없을 것이다.

아이와 시간을 갖지 못하는 부모 중에는 모든 문제를 돈으로 해결하려는 사람이 많겠지만, 세상 그 무엇도 부모를 대신할 수 있는 것은 없다. 모든 것을 돈으로 해결하려는 순간 아이가 어떠한 문제를 만났을 때 해결할 수 있는 방법을 알지 못해 일을 더 키울 가능성이 있다. 문제 앞에 당황하지 않고 해결하는 방법을 가르칠 의무가 부모에게는 있다.

교회에서 말하는 신앙은 아이가 부모에게 갖는 신앙과 같다. 사랑은 돈으로 배울 수 없다. 사랑은 인내하는 것이고 감내하는 것이다. 그리고 그것을 가르치는 것이 교육이다. 우리는 글로만 보고, 눈으로만 보는 것을 교육이라 치부하는 경우가 있다. 하지만 그것이 교육에 전부는 아니다. 아이가 부모의 눈을 보고, 온기를 느끼며, 마음으로 안정을 찾는 법을 배우는 것 또한 교육이다.

• 아기를 도구로 보는 부모

'자식을 사랑하는가?'라는 질문에 많은 부모들이 자기 자식을 사랑한다 얘기할 것이다. 하지만 '사랑은 무엇인가?'라는 질문에는 과연 얼마나 많은 부모들이 답할 수 있을까?

아마 많은 부모들이 집착과 사랑을 혼동하고, 사랑의 표현과 가스라이팅을 혼동할 것이다. 이것은 사회와 가정 내에서 동일하게 일어나는 현상이다. 중간에라도 자신의 잘못을 깨닫고, 변화하려 노력한다면 다행이지만, 대부분 자기 자신의 잘못을 알지 못한다. 사람의 시선은 언제나 밖으로 향할 뿐 자신의 내면을 보는 것을 싫어한다.

물리적인 공격은 상대방의 표정에서부터 잘못된 것이 티가 나지만, 정신적인 공격은 상대방의 외관상으로는 티가 나지 않기 때문에 자기가 하는 말과 행동이 무엇이 잘못됐는지를 파악하지 못하는 경우가 많다. 그렇기에 더욱이 주변에서도 상대방의 말이 교묘하면 교묘할수록 무엇이 잘못되었는지 파악하지 못해 피해자를 보호해 주지 못하는 경우가 많다. 사람들은 눈에 보이는 것이 중요하지 마음의 문제는 중요하게 생각하지 않는 경우가 많다.

이렇듯 마음의 문제를 중요하게 생각하지 않는 부모는 입으로는 자식을 사랑한다 하지만, 실제로는 본인을 위해 아이를 사랑하는 것이다. 아이를 키워 주고, 재워 주는 그 모든 행동은 결국에는 나의 수고가 자신에게 이득이 되도록 설계해 놓는다. 어쩔 때는 화를 내며, 어쩔 때는 감정에 호소하며, 자신의 아이가 자신의 의지대로 움직이길 바라며 말이다.

이런 부모는 자식이 자신의 뜻에 따라 주지 않으면 화를 내고, 그래도 자신의 뜻대로 움직여 주지 않으면 감정에 호소하며, 자식에 마음을 흔들어 놓는다. 자신이 못 이룬 꿈을 위해 혹은 자신이 쌓아 놓은 부와 명예를 위해 자식은 나로서가 아닌 나의 부모 2세로 살아간다. 우리는 이런 경우를 드라마에서 많이 본다.

재벌 기업의 회장의 자녀들이 자신의 기업을 키우기 위해 일면식도 없는 두 자녀를 결혼시키는 일을 드라마에서 많이 본다. 극단적인 경우일지는 몰라도 내가 말하는 부모의 모습을 잘 보여 주는 거 같다. 이런 유형의 부모는 아이의 선택을 존중해 주지 않는다. 알게 모르게 자신의 의지를 투영시켜 아이를 조종하는 경우가 많다.

이런 모습이 드라마에서만 일어나는 일은 아닌 것 같다. 밤늦게까지 꺼지지 않는 학원의 불들을 보면 알 수 있다. 아이들의 수면보다도 나중에 좋은 직장에 들어가 높은 연봉을 받게 하는 게 부모님들의 꿈이다. 그것은 아이들의 꿈이 될 수 없다. 부모들은 자식을 이용해 자신의 꿈을 꾸고 있는 것이다.

아이들이 처음부터 돈을 좇았을까? 아니다, 그런 아이는 세상에 한 명도 없을 것이다. 세상이 부모들에게 가르쳐 준 것들이다. 돈을 벌면 행복해질 것이라고. 이것이 육아에 있어서 가장 큰 오류를 낳는 부분인데, 부모들은 사랑하는 자녀들의 말보다도 세상의 말을 더 잘 믿고 잘 따른다.

아이들을 인격체로 보지 않기 때문에 그 아이의 의견을 들을 필요도 없이 그저 자기가 하라는 대로만 하면 되는 것이다. 이런 아이들은 그저 부모의 말만을 따를 뿐 인격체로 존중받지 못하고 부모의 2세로 자라게 된다. 그리고 그런 아이는 나중에 자라 자신의 부모가 그랬던 것처럼 똑같이 자신의 아이를 가르친다.

이런 부모들은 아이의 인격을 박살 내고, 짓밟는 짓을 하면서도 아무 문제의식을 느끼지 못한다. 문제는 아이들이 자기 생각을 표현하지 못하기 때문이다. 아이들이 사회생활을 하기 전에는 상호작용하며 의사소통을 하는 것이 부모들이다. 그리고 아직 언어라고 할 만한 말을 하지도 못한다. 그렇기에 아이들은 부모 말에 그저 수긍만을 배우며, 부정은 배우지 못한다.

아이들에게 있어서 부모는 세상이 된다. 그렇기에 부모를 거역하는 것은 세상을 거역하는 것이다. 하지만 어른의 세계는 긍정적인 마음으로만 살 수는 없다. 우리는 자신의 소신대로 살아가는 인간이다. 그렇기에 자신의 인격이 무시받을 때 부정도 해야 된다.

아이의 마음을 헤아릴 줄 모르는 부모는 넓고 자유로운 세상에서 자라날 아이들보다는 부모라는 좁은 세상에서 아이들이 자라길 바란다. 그렇게 아이들이 사회에 나가면, 혼란을 겪게 된다. 부모가 맞다고 했던 것들을 세상은 틀렸다 말하고, 부모가 틀렸다고 했던 것들이 세상은 맞다고 얘기하기 때문이다. 아이들은 세상에서 혼란을 겪으면서도, 집에서는 부모의 사상을 교육받는다.

아이들에게 믿음은 중요하다. 믿음을 갖고 무엇인가를 도전하는 것은 아이들에게 있어서 생존을 배울 수 있는 중요한 기회. 그런 기회를 많은 아이들은 안타깝게도 놓치며 살아간다. 학교에서도 가르쳐 주지 않으며, 세상에 존재하는 많은 어른들도 모르는 사실이기에 아이들에게 생존에 대한 지식을 가르쳐 주지 않는다.

도전은 믿음이 있어야 한다. 아기 때는 부모를 믿고 많은 도전을 해야 할 시기이다. 하지만 아이의 부모의 정서가 불안정하면, 아이들은 부모를 믿지 못하게 된다.

세상을 살아가다 보면 많은 것들과 부딪히게 되는데, 그때 믿을 대상이 없는 아이는 큰 충격을 받고 다음에 무엇인가를 다시 도전할 용기를 내지 못한다. 자신의 뒤에는 든든한 부모가 있다는 것을 알고 있는 아이들은 용감하게 도전하지만, 믿음의 대상이 없는 아이들에게는 세상은 그저 두려운 곳이다.

하지만, 이런 유형의 부모들도 세상의 잘못된 믿음하에 자랐고, 잘못된 믿음을 배우며 살아왔다. 사회적 문제로 봐야 할 일이지 개인을 비판할 수는 없다. 우리는 어른이기에 어른을 탓하기에는 너무 늦었다. 우리는 앞으로 세상을 살아갈 아이들의 비판 대상이 된다. 그러한 위치에 있는 우리는 남 탓보다는 자신의 잘못을 되돌아봐야 할 위치에 서 있다. 과거 소크라테스가 한 말은 아주 타당하다. "자기 자신을 알라." 우리는 자기 자신을 옳은 신념으로 주관적인 시선으로 바라봐야 할 나이가 되었다.

우리가 누구 잘못인지를 따지기보다는 문제 앞에 서서 다 같이 문제를 직시하고, 해결 방안을 고민하는 게 효율적이라 생각한다. 고민하다가 어쩌다 본래 해결하려 했던, 문제 외에 다른 문제가 해결될 수도 있고, 잘못된 판단으로 문제가 꼬일 수도 있다. 또한 잘못된 방법이라고 생각했던 것이 시간이 지나고 나면 많은 문제를 해결할 열쇠가 될 수도 있다. 세상에는 많은 사람들이 있고 사람 수만큼의 세상이 존재한다.

우리는 각자만의 생각을 갖고 있고, 각자만의 개성을 갖고 자신만의 세상을 그려 나간다. 그렇기에 우리 눈앞에 놓인 문제를 해결할 수 있는 방법은 분명 존재한다. 우리가 서로 상호작용하며, 고민하고 얘기를 나누다 보면 세상은 지금보다 더 평화로워질 것이라 믿고 있다. 내가 낼 수 있는 해답은 적지만, 우리가 낼 수 있는 해답은 무궁무진하다.

문제 앞에 단순한 폭력과 비난은 어울리지 않는다. 스마트한 방법이 필요하다. 총보다는 노트북을 챙겨 글을 쓰는 게 유익하다. 폭력은 멍청한 사람들이 쓰는 방법이다. 논리보다는 상대방을 통제하기 쉬운 방법으로 구속한다. 폭력은 논리가 부족하다는 증거이며, 유치하다는 증거다.

우리는 현대를 살아가는 사람들이다. 시민의식이 성장했다는 것이 무엇인지를 알고 있다. 하지만, 우리는 게으른 존재다. 어려운 방법보다는 손쉬운 방법을 찾기를 바란다. 성경에 나오는 게으름이 왜 죄라고 얘기하는지를 어른이 되고 나서야 알았다.

다음 유형에 다룰 부모가 바로 이러한 부모들이다. 폭력적이며, 게으른 어른들이다. 내가 제일 문제라고 생각하는 유형의 부모들이다.

• 아기를 방치하는 부모

우리는 뉴스에서 아동학대의 현장을 심심찮게 보게 된다. 축복 속에 자라야 할 아기는 뒤틀린 인격을 가진 괴물들한테 학대당하고, 심하면 죽임을 당하기도 한다. 아무 힘도 없는 아기들은 그저 화풀이 대상이 된다. 학대 뉴스를 보고 있으면 화가 치밀어 오른다.

지성이라고는 찾아볼 수 없는 이런 유형의 부모들은 지속적으로 아이들을 학대한다. 울음소리에 공감할 생각이 없으며, 고통스러운 표정에 아무 감정을 느끼지 못하는 사람들이다. 이들은 악하며, 게으르다.

그 악을 어디서 배웠는지는 알 수 없다. 자신의 부모에게서 배웠는지 아니면, 세상에서 배웠는지 알 수 없다. 그저 다가오는 악에 무기력하게 자신의 정신을 맡길 뿐 어떠한 저항도 하지 않는다. 저항을 한다는 것은 귀찮은 일이다. 그래서 그저 방치한다. 방치한다는 것은 사나운 개를 목줄과 입마개 없이 산책시키는 것과 같다.

그들에게 책임감이라고 할 것도 존재하지 않는다. 그것 또한 귀찮은 일이다. 그저 쾌락을 좇으면서도 자신이 누리는 쾌락에 대한 책임감을 가지지 않는다. 또한 상대방에 대한 존중과 배려가 없는 것은 그들에게는 당연하다. 그것 또한 귀찮은 일이다.

그들 세상에 존재하는 것이라고는 값싼 쾌락만 존재한다. 그들에게 고

귀한 숙명은 존재하지 않는다. 그들에게 남은 것은 쾌락과 쾌락이 끝나면, 찾아오는 공허함만이 존재한다. 그리고 그 공허함은 폭력이 되고 그 폭력의 대상은 힘없는 아이들이 된다.

내가 말하는 게으름은 사회에서 일을 하지 않은 것을 의미하지 않는다. 적어도 나에게는 말이다. 게으름은 생각하는 것을 멈추는 것이다. 생각하는 것을 멈추기에 행동은 단순해지고, 거칠어진다. 내가 어떻게 살아야 되고, 무엇을 해야 되는지에 대한 사고가 멈춘 순간 나의 행동은 방향을 잃고 이리저리 상황에 휘둘린다.

아이들을 위한 생각을 멈추는 순간 부모의 행동은 단순해지고, 거칠어진다. 마치 짐승처럼 말이다. 그런 부모 밑에서 자란 아이를 구원할 방법은 부모와 아이를 분리시키는 수밖에 없다. 그들이 교도소에 간다고 달라질 거 같나? 물론 많은 시간과 교육이 병행된다면 달라질 수 있겠지만, 생명이 위급한 상황에서 가장 먼저 해야 될 것은 생명을 위협하는 원인으로부터 아이를 분리시키는 것이다.

하지만, 지금의 세상은 불우한 가정을 한 곳 한 곳 돌아다니며, 도움을 줄 수 있는 상황이 아니다. 지금에 세상은 기술 발전에 혈안이 되어 있고, 자기 자신의 이익을 위해서라면, 타인의 고통은 당연하다고 생각하는 사람들이 대부분이다. 발전을 위해서라면, 희생은 당연하다는 것이 세상 사람들이 생각하는 진리다. 그렇기에 소수의 불행은 그냥 지나친다.

우리는 이런 문제 앞에 정신이 중요한가, 물질, 즉 기술 발전이 중요한가를 따지는데, 그것은 바보 같은 논쟁이다. 정신이 바로잡혀야 기술에 방향은 진정 인간을 위한 방향으로 흘러갈 것이고, 그런 인간은 물질로 이루어졌으며, 우리가 살아가는 데 필수적으로 물질을 필요로 한다. 정신적 죽음 그리고 육체적 죽음 둘 다. 그들의 세상을 파괴한다는 사실은 변하지 않는다. 육체의 죽음은 정신의 죽음이며, 정신의 죽음은 본인뿐만 아니라 주변인들의 죽음을 불러일으킨다. 히틀러의 정신이 온전했다면, 2차 세계대전 같은 비극은 일어나지 않았을 것이다.

물질적, 정신적 문제를 모두 갖고 있는 부모에게서 자란 아이는 배고픔과 정신적 학대 속에서 두려움에 떨며, 살아간다. 짐승 밑에서 자란 아이는 짐승이 된다. 그들이 범죄에 노출되는 것 또한 이러한 이유 때문이다.

이러한 끝없는 악순환을 보고 있으면, 마음이 미워지고, 세상이 원망스럽다가도 측은지심을 갖게 된다. 내가 특별한 사람이라 그런 것이 아닌, 평범할 수 있는 사람이라 더욱이 마음이 아파진다. 평범함과는 다른 세상 속에서 살아갈 아가들을 보고 있으면, 기도하다가 눈물이 난다.

이런 유형의 부모 밑에서 자란 사람들에게 난 부모를 탓하지 말라고 말할 수가 없다. 이들에게 필요한 건 해결 방안이 아닌 마음의 안식이며, 담백한 위로의 한마디다. 이들의 변화는 공감으로부터 시작한다. 이들이 다른 죄를 짓기 전 이들의 마음을 돌려놓을 수 있게 우리는 그들을 도와 줘야 한다.

이런 악순환을 끊기 위해서는 그들로 하여금 적절한 후원과 치료가 필요하며, 그들의 이야기를 들어 줄 사람이 필요하다. 타인의 아픔을 공감해 주고 위로해 주는 일은 많은 사랑이 필요한 일이다. 불우한 사람을 돕기 위해서 돈도 필요하지만, 본질적인 문제의 해결 방안이 될 수는 없다. 그들의 본질적인 문제를 해결하기 위한 방법은 사랑이다.

나에게는 아이들의 정신과 육체를 파괴하는 그들의 부모를 바로잡을 생각은 없다. 나에게 있어서 가장 시급한 문제는 그들로 하여금 그들의 아이들을 분리시키고, 어떻게 그 아이들을 치료하고, 가르칠지가 가장 큰 문제다. 이런 문제는 나 혼자만으로는 해결할 수 없는 것이기에 더욱이 답답할 뿐이다.

사람을 살리는 것보다 사람을 죽이는 것이 쉽다. 사람을 사랑하는 것보다 사람을 미워하는 것이 더 쉽다. 쉬운 길을 선택하는 것은 게으른 것이다. 세상에 많은 부모들과 지도자들이 그렇다. 그저 모든 것을 사랑으로 품는 것이 아닌 공포로 지배하려는 사람들 그런 그들이 현명할 리가 없다. 결과적으로 오류를 낳고 그것을 해결하는 것도 본인이 아닌 주변 사람들이다. 그들에게는 자신의 행동에 대한 책임감이 없을 게 분명하다. 나의 행동을 옳다 믿으며, 일이 틀어졌을 때는 타인들에게 책임을 넘기면 그만이다.

이런 독재적이고, 폭력적이며, 부모라 할 수 없는 사람들 밑에서 자란 아이들의 결말은 비극일 확률이 높다. 이들이 배우는 생존은 내가 위에서 언급했던, 생존과는 다르다. 부모에게서 감정을 표현하는 방법을 배우는 것이 아닌 단순히 분노와 두려움만을 배우며, 대화하는 것이 아닌 화내고, 우는 법만을 배운다. 그들에게 행복이란 단어는 어울리지 않는다. 소통이 안 되고, 배가 고프니 범죄를 배우며, 자신의 안전을 위해 공격적인 모습을 보여 준다.

부모는 씨앗을 아이에게 심어 주는 존재다. 그리고 어떤 씨앗을 심는지에 따라 건강한 나무와 그렇지 못한 나무로 나뉜다.

건강할 수 없는 아이를 나는 늑대 인간이라고 부른다. 말이 좋아 늑대 인간이지 맞고 자란 짐승과 다를 게 없다. 세상의 구성원으로서 살아가야 할 아이들이 누군가의 도움도 받지 못하고 지금 내가 글을 쓰고 있는 이 시간에도 학대당하고, 방치되고 있다. 그리고 그런 아가들을 위해 무엇도 해 줄 수 없음에 가슴이 아프다.

과거에도 그렇고 현재도 그렇고 독재자들과 폭군들이 권력을 잡고 전쟁을 일으켜 많은 비판을 받고 있다. 그들이 권력을 잡아 세상에 이름을 알리고 많은 비판을 받고 있는 것이지 아이들을 대상으로 폭력을 행사하고, 공포 통치로 아이를 대하는 부모들도 그들과 다를 바가 없다. 그들의 근본은 비슷하며, 성향도 비슷하다. 악독하며, 게으르다.

이렇게 우리는 다양한 부모 밑에서 자라고, 성장하며, 배운다. 네 유형의 부모 모두 현존하고 있으며, 앞으로도 많은 아이들이 축복을 받거나 저주를 받는다. 그중에서도 저주를 받는 아이들이 세상에 나와 축복을 받을 확률은 훨씬 적어진다. 성인이 되었음에도 아기 때에 일들이 우리의 발목을 잡을 때가 많다.

지금 당장에는 부모님과 깊은 대화를 하는 것이 낯설 수도 있지만, 기회가 된다면, 부모님과 깊은 대화를 해 보는 것도 나쁘지 않다고 생각한다. 혹시 아나? 나의 많고 많은 문제 중에 일부가 해결될지.

이렇게 부모의 유형에 대해 알아봤다. 부모와 같이 살든, 독립해 살든 우리는 모든 상황이 두렵고, 무섭고 망설여진다. 어떤 도전을 하기에는 용기가 나지 않을 때도 있다. 너무나 꼬여 버린 인생을 무엇부터 풀어야 할지 몰라 현기증이 날 때도 있다. 문제가 있음에도 그저 마음속에 꽁꽁 숨겨 두고 모른 척하며, 찜찜한 마음으로 살아가기도 한다.

누군가는 참고 참았던 자신의 문제가 세상과 충돌하며, 정신과의 도움을 받기도 한다. 그중에서 도움을 늦게 받거나, 중간에 치료를 포기하는 사람들이 생기고, 그들의 인생은 다시는 되돌릴 수 없는 회복 불가 상태가 되기도 한다. 그렇게 되기 전에 우리는 자신의 상태를 돌아봐야 한다.

나를 돌아보는 것 그것이 1장에서 다룰 내용이다. 고대 철학자 중에 이러한 주제로 철학을 펼쳤던 인물이 있는데, 그가 바로 위에서 언급했던, 소크라테스다. 그가 한 얘기 중에 우리에게 가장 잘 알려진 "너 자신을 알라." 이 문장이 1장에서 다룰 얘기다.

만약 내가 자기 자신에 대해 다른 이에게 써 보라고 하면, 얼마나 쓸 수 있을까? 한 장? 아님 두 장? 부족하다. 나로서 세상을 살아가기에는 한두 장이 아니라 열 장도 부족하다. 세상에 많은 사람들이 자기 자신을 잘 알고 있다 착각하지만 그렇지 않다. 나는 나 자신을 아직 잘 모르고, 당신은 당신에 대하여 잘 모른다.

소크라테스는 죽음 앞에서도 태연하게, 아니 너무나 즐겁게 마지막을 준비했다. 죽음까지도 그의 마음을 흔들어 놓을 수는 없었다. 그는 자신의 신념을 믿었고, 자신의 신념을 위해서 죽음을 선택하였다. 죽음까지도 꺾을 수 없었던 그의 신념은 소크라테스 그 자체였다.

우리 인생에서 가장 두려워해야 할 죽음이라는 존재 앞에 어떻게 그의 신념은 살아남을 수 있었을까? 과연 우리는 소크라테스처럼 살아갈 수 있을까?

우리는 죽음이 아닌 더욱 작은 일에도 눈물을 흘리며 자책하고 타인을 증오한다. 이렇게 여리고 나약한 우리 마음의 해결책은 소크라테스의 모습을 살펴보면 알 수 있다.

신념을 갖는 것이 우리의 나약한 마음의 열쇠가 되어 줄 주제다. 소크라테스는 소크라테스 고유의 신념을 가지고 있었다. 소크라테스는 적어도 자기 자신의 대한 확고한 믿음이 있었기에 자신의 죽음까지도 파악하고, 담담하게 죽음을 즐길 수 있었다.

죽음을 즐긴다고, 얘기하는 것이 조금 이상하게 들릴 수도 있다. 죽음은 공포에 대상이다. 일반적으로 우리가 죽음을 그렇게 인식한다. 자신의 신념을 지키기 위해서 죽음도 즐길 수 있다는 것은 잠재적으로 나에게 찾아올 죽음까지도 사랑한다는 것이다.

나에게 있는 것이라면 모든 것을 사랑하는 것, 설령 나의 죽음까지도 사랑하는 것이 나를 사랑한다는 것이다. 소크라테스는 죽음으로 자신의 신념을 지킨 것이 행복했을 것이다. 쉽게 말하면 내가 어떤 마음으로 죽음을 임할 것인가를 아는 것이 죽음을 즐기는 자의 태도다. 소크라테스 스스로가 어떤 사람인지 잘 몰랐다면 이런 선택을 하지는 못했을 것이다.

지금까지 한 얘기를 풀어 보자면, 자신의 의미를 찾는 것을 포기하는 것이 곧 죽음을 뜻하고 있음을 얘기하는 것이다. 육체적 죽음보다도 자신의 의미를 잃는 것이 더욱 무섭다는 것을 얘기하는 것이고, 의미를 잃는 것이 진정한 죽음인 것을 얘기하는 것이다.

성경 중에 창세기는 신이 세상을 창조한 이야기가 나와 있다. 신학자들 사이에서도 창세기는 많은 논란거리가 되었다. 그 논란거리 중에 하나는 왜 하나님은 우리에게 자유의지를 주셨는지에 대한 얘기다.

그도 그럴 것이 자유의지가 없다면, 죄도 없었을 것이란 거다. 타인을 상처 입히지도 않고 인간은 에덴동산에서 평생을 행복하게 살 수 있었다. 하지만 하나님은 굳이 그 중요한 선악과를 에덴동산에다가 심으셨고, 인간에게 자유의지를 주셨다.

하나님이 왜 그러셨을까? 이런 질문이 머릿속을 가득 채운 적이 있었다. 그 과정에서 나온 답은 '하나님은 우리에게 우리는 의미 있는 존재라는 것을 알려 주고 싶어 하는 게 아닐까'라는 해답이 나왔다.

우리가 기계에서 찍어 내듯 창조되었고, 자유의지가 없었다면 그저 우리는 세계를 꾸미는 장식품에 불과했을 것이다. 하지만 하나님은 그러지 않으셨다. 자신의 형상대로 우리를 지으셨고, 한 명 한 명에게 이름을 지어 주셨다. 여기서 이름은 단순한 이름이 아닌 개인의 고유한 의미를 담고 있다고 생각한다.

아담과 하와는 시간이 지나면 지날수록 자신에 대한 의미를 넓혀 나갔다. 아담은 누군가의 아빠, 남편 하와는 엄마, 아내 등등 고통과 수고를 감수하면서도 그들은 자신의 의미를 넓혀 나갔고, 대를 이어 나갔다.

신학에 예수님이 있다면, 철학에는 소크라테스가 있다. 이런 얘기를 하면 많은 기독교인들이 노발대발하겠지만, 나는 그들의 이야기가 전혀 궁금하지 않다.

소크라테스 같은 경우는 많은 젊은이들에게 부정부패가 가득한 세상에서 진실이 무엇인지를 가르쳐 주다가 다른 신을 모시며, 젊은이들을 타락시킨다는 이유로 사형에 처해졌다.

소크라테스는 잘못된 사람들의 지식을 끝까지 물고 늘어져 바로잡아 줬다. 특히 소년들이 소크라테스의 가르침을 좋아했는데, 진실을 알게 된 젊은이들이 거짓을 고집하던 어른들의 논리에 귀찮게 반항을 하니 진실을 알리고 가르치는 소크라테스는 그들에게 귀찮은 존재였을 것이다.

예수님도 십자가에 매달려 죽음 당하셨을 때 사람들의 죄를 알고 있음에 신에게 죄지은 자를 사하여 달라고 기도했으며, 마지막 그 죽음을 목격한 사람들과 제자들에게 진리가 무엇인지를 알려 주었다. 이 두 인물이 보여 준 이야기는 역사적으로 세상은 혼란스러웠음을 보여 준다.

현대에 들어와서야 시민의식이 성장했지만, 최근 들어 세상은 다시 혼란스러워지고 있음을 부정할 수 없게 되었다. 지금의 시대는 거짓이 가득하고 인간의 가치가 떨어졌다는 것을 보여 주듯 전쟁에 의해 의미 없이 죽어 가는 사람들이 많아지고 있다.

역사적으로 부정부패가 없던 시기는 없었다. 그럼에도 어떤 시대든 자신의 신념을 지키며, 사랑한 이들이 있었다. 육체적 죽음을 뛰어넘은 신념은 지금 우리에게 살아 전해졌다. 그들의 육체는 죽었지만, 정신만은 우리 마음에 살아 있다.

'나는 누구일까?'라는 질문이 적힌 종이에 쓸 게 없던 우리는 '나의 의미는 무엇일까?'라는 질문에 더욱 당황하게 될 것이다. 살아가기도 바쁜 와중에 이런 시답잖은 것을 생각할 시간은 없다. 하지만 난 부탁하고 싶다. 잠시 걸음을 멈추고 자신이 진정으로 원하는 것이 무엇인지 생각하는 시간을 갖는 것을 말이다.

나는 누구든지 자신만의 존재 의미를 갖기를 바란다. 건강한 존재 의미를 갖기 위해 조건이 있다면 건강한 믿음과 신념을 갖는 것이다.

우리는 각자 믿음을 갖고 살아간다. 여기서 말하는 믿음은 신앙적인 믿음만을 얘기하는 것이 아니다. 누군가는 배우자, 누군가는 자녀들, 누군가는 손자, 누군가는 부모님을 믿고 살아간다. 여기서 문제점은 믿음에 대상은 완전한 존재가 아니며, 집착에 대상이 된 순간 그들의 부족한 모습을 보면 화를 낼 것이며, 실망하게 된다. 절대로 타인은 신앙의 대상이 될 수 없다는 게 나의 생각이다.

내 말이 이해가 안 될 수도 있다. 이해를 돕기 위해 예를 들자면, 신앙인들이 신에게 기도할 때 조금만 나의 상황이 안 좋아져도 원망을 쏟아붓게 된다. 이미 세상이라는 선물을 줬음에도 그들의 욕심은 신에 대한 원망으로 표출된다. 잘 생각해 봐라, 신앙인이 신에게 원망을 쏟아부은 것처럼, 자신도 누군가에게 원망을 쏟아부은 적이 있는지를 말이다.

아기 때는 부모를 신앙의 대상으로 삼는다. 아기에게 부모는 절대적이다. 자신이 살아가는 것에 있어서 없으면 안 되는 존재다. 밥을 먹고 잠을 자고 옷을 입는 것도 부모 없이는 불가능하다. 완전한 수동적인 상태의 아기는 부모를 절대적으로 의존한다.

이것은 신앙이다. 하지만 부모는 신이 아니다. 완전하지 않다. 그렇기에 실수를 한다. 아기를 안는 법을 몰라 아기의 기분을 심히 불편하게 하기도 하고, 아기가 울면 그 이유를 몰라 허둥지둥 댄다. 그들은 부족하지만, 기어코 아기가 원하는 것을 들어준다.

아기는 점점 자라 부모는 완전하지 않은 존재라는 것을 깨달아 간다. 손가락을 조금씩 움직이고 발가락을 조금씩 움직이고 몸을 뒤집으려 안간힘을 써 보기도 한다. 누군가를 의존하지 않고 처음 스스로 노력이란 것을 하게 된 것이다. 이제 걸을 수 있게 된 아기는 간식을 찾아 모험을 떠나기도 한다.

이제 아기는 수동적이지만은 않은 아기가 되었다. 그리고 점차 말을 배우고 소통이 가능해지면서 보고, 들은 것을 언어로 구사하기 시작한다. 이때 아기들에게 부모란 존재는 세상에 유일하게 나와 소통할 수 있는 존재다. 이때에도 부모가 아기의 신이라는 것을 부정할 수는 없다. 가끔 신을 거역하지만, 신의 분노를 본 아가는 금방 울음을 터뜨리며, 부모에게 달려가 안아 달라고 때를 쓴다.

부모를 믿는 마음은 중요하다. 무엇인가를 도전하고 정보를 스스로 습득하는 것에 있어서 용기가 필요한데, 그 용기의 기본이 되는 것이 부모에 대한 믿음이다. 아기는 부모를 믿고, 세상을 탐험하며, 나라는 존재를 형성한다.

믿음은 나라는 존재를 형성하는 것에 있어서 굉장히 중요한 요소이다. 믿음 없는 행위는 목적성을 잃기 쉽다. 무엇인가를 도전하는 것에 있어서 믿음이 없으면, 상황 속에서 두려움에 떨다 실패하고, 어떤 이는 자포자기하는 마음으로 그저 운에 맡기다 실패하고 만다. 그저 시간에게 모든 것을 맡겨 버리는 것이다. 만약 결과가 좋다 한들 그것이 나라는 존재를 형성할 수 있지는 않다. 믿음을 갖고, 도전하고 세상을 탐험하는 것은 나라는 존재를 형성해 준다.

아기 때에 이런 믿음의 대상은 부모에게 있었지만, 점차 그 믿음의 대상은 내가 되어야 한다. 우리가 자라며, 유치원에 가게 되면 부모라는 존재는 내 옆에 있어 줄 수 없다. 나의 상황은 언제나 빠르고, 갑작스럽게 그리고 예고도 없이 변한다. 그렇기에 타인이 아닌 나에게 건강한 믿음이 있어야 한다.

나라는 존재가 형성되지 않은 아이들은 처음에는 낯선 유치원에서 두려움에 떨 것이다. 하지만 집에 들어오게 되면, 부모를 다시 만날 수 있다. 이것이 반복되면, 유치원은 무서운 곳이 아닌 즐거운 곳이 된다. 부모를 믿고 유치원이라는 곳을 탐험하기 시작하는 것이다. 그리고 다른 아이들과 소통하는 방법을 배우고, 표현하는 법을 배우며, 상호작용하는 것을 배운다.

점차 내가 할 수 있는 일이 많아지고, 어려운 상황이 닥쳤을 때 대응할 수 있다는 믿음이 생긴 것이다. 하지만 아직 어리기에 그러한 믿음은 생존에 필요한 자신감 정도라고 보면 될 것이다.

아이들의 존재는 아직 희미하다. 육체적으로도 그렇고 정신적으로도 그렇고 아직 다 성장을 이룬 것이 아니다. 그렇기에 주변 어른들에 대한 믿음이 필요하고, 많은 이의 도움을 통해 살아간다. 나 자신을 믿기에는 아직 나의 존재는 연약하다. 나의 존재를 기대다가는 넘어지고 말 것이다.

그리고 이러한 상황에서 우리의 상황은 무엇보다 빠르게 변한다. 나의 믿음을 돌아볼 여유도 없이 말이다. 유치원에서, 초등학교를 거쳐 중학교 그리고 대학교에 들어간다. 우리의 상황은 나의 존재를 고려하지 않고 흘러간다. 우리는 그 상황을 쫓아가기 바빠 자신을 돌아볼 시간도 없이 살아간다.

그리고 어떠한 상황이 닥쳤을 때 믿을 곳이 없어 방황하게 된다. 하지만 어떠한 형태로든 우리는 무엇인가를 믿으며, 살아간다. 그것이 잘못된 믿음이라 해도 말이다.

내가 무엇을 믿느냐는 지금의 나라는 존재를 형성하는 것에 큰 영향을 미친다. 사람은 믿는 대로 행동하게 되어 있다. 그리고 그런 행동은 경험이 되고 그 경험은 나를 형성한다.

2장

믿음이란 무엇인가?

믿음이라는 것은 무엇일까? 교회에서는 믿음이 좋은 사람을 신앙심이 좋다고 얘기한다. 이러한 믿음이란 단어는 교회에서뿐만 아니라 일상에서도 많이 사용한다. 내가 생각하기에 믿음은 마음의 근육이다. 우리는 운동을 하여 근육을 키운다. 근육은 무거운 것을 들거나 다양한 스포츠를 즐기는 데 꼭 필요한 요소 중에 하나다. 믿음이란 근육도 우리의 무거운 삶을 지탱하고 인생을 재밌게 살아가기 위해 꼭 필요한 요소 중 하나다.

믿음은 빠르게 변화하는 세상을 버티게 해 주는 마음의 근육이다. 믿음 없이 우리는 한 발자국도 움직일 수 없다. 하지만, 믿음이라는 것이 물질적인 것이 아닌 추상적인 단어라 우리는 믿음이라는 것을 쉽게 파악할 수 없다.

우리가 믿음을 파악하기 위해서는 두려움이란 것을 먼저 알아야 한다. 우리가 가지고 있는 가장 근본적인 두려움이 무엇일까? 사람들에게 이렇게 물어보면, 많은 사람들이 죽음이라고 답할 것이다. 죽음 또한 눈에 보이는 것이 아닌 추상적 표현이라 인간이 파악할 수 있는 것이 아니다. 인간은 죽음을 이긴 적이 없다. 개인에 따라 죽음은 두려움에 대상이거나, 아무것도 아니거나 혹은 구원으로 가는 길 셋 중에 하나일 뿐이다.

인간은 두려운 상황 속에서 어떠한 믿음이든 붙들고 싶어 한다. 우리가 보편적으로 알고 있는 중세 시대 때의 교회를 예로 들어 보자. 교회는 중세 시대에 빼놓을 수 없는 존재였다는 것은 누구나 아는 사실이다.

중세 시대 때의 많은 전염병, 특히 흑사병과 전쟁으로 죽음이라는 것이 끝없이 사람들에게 찾아와 무엇인가를 속삭이던 시절이다. 사람들의 육체와 정신을 갉아먹는 기근과 소중한 이의 죽음에 대한 상실감은 사람들을 미치게 만들기 충분했다. 눈에 보이지 않는 두려움은 너무나 폭력적이고 무차별적으로 사람들에게 전염된다. 그리고 이러한 두려움으로 인해 사람들은 더욱이 종교에 빠지게 된다.

두려움이 눈에 보이지 않고, 사람들에게 찾아온다는 것은 아주 큰 비극을 낳는다. 사람들이 죽음에 대한 두려움의 원인을 보이는 것에 찾기 시작했다는 것이 비극의 시작이다. 내 개인적인 생각을 말해 보자면, 사람들은 사탄이란 가상의 존재를 만든 후에 지금까지 찾지 못했던 모든 고통과 슬픔 그리고 죽음의 원인이 사탄이라 믿기 시작했다.

그들은 진실로부터 눈을 돌려 거짓 믿음을 가지기 시작했다. 두려움의 원인이 눈에 보이지 않는 것보다 눈에 보이는 것이 덜 무섭기 때문에 모든 불행의 원인은 사탄의 짓이라고 생각했던 것이다.

과학의 기술 부족과 시민의식이 발달하지 못한 탓에 흑사병이나 전쟁 그리고 기근의 원인을 찾지 못했고, 그 원인을 사탄의 장난질이라고 믿기 시작한 것이다. 하지만 사탄은 존재하지도 않으며, 그렇기에 더욱이 많은 문제의 해결 방안을 찾지 못했다. 사탄이 인간들을 대상으로 장난질을 쳤다는 증거를 찾지 못한 것이다.

그렇게 모든 문제의 원인으로 여겨졌던 사탄의 존재가 희미해지고, 사람들의 문제가 해결되지 않자 사람들은 더욱 가시적인 원인을 찾기 시작했다. 그것은 바로 마녀다. 마녀는 사탄의 추종자로서 세상의 재앙을 일으키는 존재다. 그 결과 많은 여성들이 마녀사냥을 당해 목숨을 잃었다.

마녀사냥을 주도했던 많은 신앙인들은 무고한 여성을 고문하거나 그들의 가족을 인질로 잡아 그들을 마녀로 둔갑시켜 어떻게든 사형시키려 했다. 그 과정에서 재판관들은 마녀라 칭해지던 여성들의 재산을 몰수하여 자신들의 뒷주머니를 채웠다.

진실로부터 눈을 돌리려 한 사람들의 믿음은 문제를 해결해 주기는커녕 문제를 더욱 키워 나갔다. 그들은 그들 스스로가 재앙의 원인이라 생각한 사탄이 된 것이다. 세상에서 없어져야 했던 것은 사실 우리 모두가 알고 있는 그들이다.

이렇게 진실과는 거리가 먼 믿음은 사람들을 불행하게 만든다. 이런 믿음을 가진 사람들의 삶은 전과 다를 것이 없거나 나빠져 있을 확률이 더 높다. 존재감도 없고 방향성도 잃어버린 그들의 믿음은 스스로의 가는 길을 잃어버리게 한다.

자신의 믿음을 꺾지 않는 사람들이 있다. 그들은 자신이 가지고 있는 두려움과 맞서 싸우려 자신의 믿음을 고집하다가 문득 뒤를 돌아보면, 모두가 그를 죄인이라 부른다. 그럼에도 게으르고, 악한 사람들은 자신의 신념과 믿음을 꺾지 않는다.

믿음을 꺾고, 새로운 삶을 사는 것은 귀찮은 일이다. 그리고 자신의 잘못을 인정하고 죗값을 치루는 것은 더욱 귀찮은 일이다. 게으르고 악한 사람들의 믿음은 추상적인 믿음에서 육체를 매개체로 물질 세계에 영향력을 행사하기 시작한다. 그들은 멋지지도 않고, 훌륭하지도 않다. 그들은 악하고, 게으르며 두려움에 떠는 멍청이들이다.

두려움이란 감정은 내가 옳다고 얘기해 주지 않는다. 두려움이란 감정은 언제나 내가 틀렸다 얘기하며, 진실에서 눈을 돌리지 말라고 나를 질책하고 있다. 두려움이 해결되지 않고 지속될수록 내가 가는 길은 틀렸을 가능성이 높고, 내가 했던 말과 행동이 타인을 다치게 했을 가능성이 크다.

내가 술을 먹고 취해서 짝사랑한 누나에게 문자를 보낸 적이 있다. 술을 먹고 그런 적이 없어서 방심한 거 같았다. 다음 날 내가 보낸 문자를 보고 뭔지 모를 두려움에 난 죽어 버릴까 생각했지만, 마음을 고쳐먹고 진심으로 사과하기로 결정했다. 사과 문자를 썼다 지웠다를 반복하다가 사과 문자를 보냈다. 물론 바로 문제가 해결될 것이라고는 생각하지 않지만, 자기 잘못을 인정하고 사과하고 앞으로는 그렇게 하지 않으리라고 다짐하는 과정에서 나의 두려움은 거의 없어졌다. 짝사랑의 끝이 어떻게 되었는지는 비밀이다.

이렇듯 두려움은 자신의 행동이나 생각이 잘못됐다는 것을 알려 준다. 또한 어떠한 사고가 터졌을 때 잘못된 선택을 함으로써 일이 더 커지면 두려움의 강도는 더욱 심해져 간다. 두려움이 사라지지 않고 지속된다면, 자신의 말과 행동 그리고 생각을 고쳐 보는 것도 괜찮다고 생각한다. 두려움은 우리의 길잡이가 되어 준다. 두려움 앞에서 우리가 방법을 고민한다면, 우리의 믿음은 더욱 성장할 수 있다. 하지만 두려움을 회피하고 진실로부터 눈을 돌린다면 우리의 믿음은 도태된다.

지금의 교회를 보면 많은 사람들이 눈을 감고 기도한다 자녀들의 수능을 위해, 그리고 자신의 행복과 부를 위해 그리고 자신이 다니는 회사에서 진급을 하기 위해 그들은 눈물을 흘리며 기도한다. 하지만 대부분의 경우 신은 그들의 기도를 들어주지 않는다.

그들의 믿음이 잘못되었기 때문이다. 그들의 두려움은 해결되지 않을 게 뻔하고, 더 안 좋아질 게 뻔하다. 그리고 신이 선한 신이라면 기적이 일어나야 할 곳은 도움의 손길이 닿지 않는 곳이 아닐까?

신이 인간에게 바란 믿음은 지금 우리가 가지고 있는 믿음처럼 연약하지도 않고, 빈약하지도 않고, 탐욕스럽지도 않다. 나는 언제나 교회 사람들에게 얘기한다. 기적이 필요한 것은 당신들이 아니라 세계 곳곳에서 추위와 배고픔에 떠는 사람들이라고 말이다. 교회의 믿음이 잘못되면, 교인들의 두려움은 깊어져 가고, 그들의 삶은 파괴되며, 그 교회는 도태된다. 믿음은 두려움을 직시할 수 있는 힘이다. 눈을 감고 기도로 회피하는 게 아니라 눈을 뜨고 두려움을 직시하는 것이다.

난 아기 때부터 놀이동산에 가서 롤러코스터 타는 것을 즐겼다. 키가 작아 탈 수 없는 놀이기구가 있으면 까치발을 들어서라도, 모자 속에 간식을 넣어 키를 키워서라도 탔다. 하지만 놀이 기구가 안 무서웠던 것은 아니다. 내가 놀이 기구를 탈 수 있던 이유는 무섭더라도 죽지 않는다는 것을 알고 있기 때문이다. 그러한 믿음이 날 놀이 기구를 탈 수 있는 용감한 어린이로 만들어 주었다.

여기서 중요한 것은 믿음은 안다는 것이다. 바로 두려움을 알고 있다는 사실이다. 어느 영상에는 바다에 어린이가 빠져 있다. 그런데 저 멀리서 첨벙첨벙 걸어오는 어른이 아이를 일으켜 주었다. 사실 그곳은 어린아이 허리도 차지 않는 물 높이였던 것이다. 어른은 물 높이를 알고 있었고, 아이는 물 높이를 모르고 있었기에 두려움에 몸이 굳을 수밖에 없던 것이다. 두려움의 대상이 무엇인지 제대로 파악하지 못하면, 얕은 물에서 첨벙이던 아이와 같이 일을 그르칠 수 있다.

만약 자기 아이의 수능을 잘 보게 할 방법을 알았다면, 자신의 배우자가 승진할 방법을 알았다면, 부자가 될 방법을 알았다면, 교회는 사라졌을 것이다. 세상에 존재하는 대부분의 교회들은 자신들이 망하지 않기 위해 진실을 몰라도 된다고 얘기할 것이다. 그저 눈을 감고, 신께 기도하면 천국에 갈 수 있다고 얘기할 것이다.

신을 알지 못하는 무지한 자들은 신을 믿으라 얘기하고, 신을 모르는 자들이 신을 가르친다. 그렇게 설교하는 목사도, 그 설교를 듣는 자들도 모두 그들이 모르는 사이에 이방신을 따르게 된다. 모든 문제 앞에 무기력하게 앉아 기도하는 그들을 보고 있으면 가슴이 답답해 터질 지경이다. 이미 세상이란 선물을 주었음에 신은 더 이상 그들에게 줄 선물이 없다.

소크라테스에게 두려움은 무엇이었을까? 나는 아무것도 알지 못한다는 사실이 아니었을까? 그렇기에 항상 진실에 대하여 생각했던 것이 아닐까? 하지만 소크라테스는 두려움에서 멈추지 않고 그 두려움에서 깨달음을 얻었다. 자신은 아무것도 알지 못한다는 것을 알기에 세상에서 가장 현명하다는 깨달음을 얻었다.

소크라테스는 알고 있다고 믿는 사람들의 믿음을 하나씩 파괴해 나갔다. 잘못된 믿음이 사람들을 궁핍하게 하고, 부정부패를 악화시키는 모습에 마음이 아팠을 거라 짐작한다. 나는 소크라테스 자신은 아무것도 알지 못한다는 사실을 직시하고, 알아 낸 것은 자신은 아무것도 알지 못한다는 지혜였다. 두려움은 곧 겸손이라는 덕이 되었다. 그는 아무것도 알지 못한다는 사실에 두려워 떠는 것이 아닌 아무것도 알지 못한다는 사실을 알게 된 자신이 현명하다 말했다.

아무것도 알지 못함을 인정하지 않은 자들의 모습은 어떠한가? 오만방자하며, 경솔하고, 겸손하지도 않으며, 자신의 믿음을 강요하는 폭군과도 같지 않은가? 예수님도 십자가에 매달려 돌아가실 때에도 예수님은 "저들은 자기들이 하는 일을 모릅니다."라고 말하며 목숨을 거두었다.

세상을 향해 외친 그 외침은 옳은 것이 없고 혼돈과도 같은 세상을 향해 구원을 희망하는 외침이었다. 그 둘은 두려움에 맞서 싸웠다. 그리고 죽음까지도 그들의 정신과 믿음을 꺾을 수 없었다.

우리는 이러한 진실을 듣고 어떤 자세를 취하는가? 부모님이 잔소리하면 귀를 틀어막고, 듣지 않는 자녀처럼 외면하고 있지는 않은가? 혹은 자신의 일이 아니라며 책임을 전가하지는 않는가?

두려움을 마주할 수 있는 힘은 올바른 믿음에서 나온다. 하지만 거짓이 가득하고, 혐오와 편견이 가득한 세상 속에서 올바른 믿음을 갖기란 쉬운 일이 아니다. 그리고 진실을 알고 있다 한들 세상에서 진실을 말할 용기를 가지고 있을 사람은 더더욱 없다. 우리는 아직 진실을 알지 못하고, 연약하여 작은 일에도 풀이 죽어 눈물을 흘리곤 한다.

그렇다면 우리는 어떻게 옳은 신념과 믿음을 가질 수 있을까? 바로 리셋버튼을 만드는 것이다. 지금의 마음을 바꿀 한 번의 용기만 있으면 가능한 일이다. 그 한 번의 용기가 없어 많은 폭군들과 지도자들은 자신의 잘못된 신념과 믿음을 국민들로 하여금 밀어붙여 세상에 씻을 수 없는 상처를 냈다. 우리는 역사를 보고 배워야 한다. 잘못된 신념과 믿음은 작게는 내 주변 사람들을 크게는 세상 사람들에게 상처를 준다. 내 명예와 지위가 어떤지는 중요하지 않다, 내가 존재하는 한 올바른 신념과 믿음을 갖는 것은 나를 위해서도, 내 주변 사람들을 위해서도, 세상을 위해서도 꼭 필요한 일이다.

우리는 믿는 대로 행동한다. 우리는 로봇이 아니다. 신념이 있고 믿음이 있기에 행동한다. 행동의 결과에 책임을 지든 안 지든 우리는 행동한다 올바른 신념이 있는 사람의 행동은 명확하며, 정확한 목적을 가지고 있다. 그렇지 않은 경우에는 모든 행동이 어설프고, 목적이 무엇인지 알아차리기는 쉽지 않다. 그런 상황에서 사람들과 함께 사회를 살다 보면 여기 저기 상처가 나고 심하면 망가져 버린다. 용도를 모르고 써 버린 기계처럼 금방 녹슬고 고장 난다.

신은 우리에게 사랑하라 했지만, 그렇지 못했다. 우리에게는 사랑하라는 용도가 있었음에도 그렇지 못해 쉽게 병들고 만다. 지금도 지구 어딘가에서는 총알받이로, 애완동물로, 노예로 각자의 신념과 존엄성을 잃고, 육체만이 살아 있는 채로 살아간다.

우리가 병들지 않고 올바른 신념과 믿음을 갖기 위해서는 자기 자신을 부정해야만 한다. 이상하지 않은가? 분명 나는 나를 사랑하는 법에 대하여 쓴다고 했는데, 이제 와서 자신을 부정하라니 말이다. 지금에 와서야 변심이라도 한 것일까?

이 질문에 내 답은 부정이다. 나는 자기 자신을 사랑하는 법을 알려 준다 그랬지 자기만족 하는 법을 알려 준다 한 적 없다. 만약 속은 기분이 든다면, 속은 사람이 바보다.

우리는 자기만족에서 그치는 것이 아닌 자신을 사랑해야 한다.

우리는 건강을 위해 다이어트를 한다. 하지만 다이어트 중에 꼭 맛있으면 0칼로리라는 이상한 논리를 듣고 와서는 배달 음식점에 전화를 건다. 그러다 엄마한테 한 소리 들으면, "내가 만족했음 됐지 엄마가 뭘 상관이야."라는 망언을 내뱉는다. 분명 나의 미래와 건강을 위해 다이어트를 시작했지만, 언제나 자기만족으로 끝나 버리는 자신을 바라보고, 망연자실한다.

올바른 믿음을 갖는다는 것은 나쁜 것을 빼는 거와 같다. 다이어트할 때 지방을 빼는 것처럼 말이다. 또한 올바를 믿음을 갖는다는 것은 채우는 것과 같다. 다이어트할 때 근육을 채우는 것처럼 말이다. 건강한 몸을 만드는 것처럼 건강한 믿음을 형성하는 것은 귀찮고, 힘든 일이다.

자기를 거부한다는 것은 쉬운 일이 아니다. 많은 사람과 상황에 부딪히며, 깨지고, 망가지고, 그걸 또 고치고 또 망가지는 과정에서 배우고 깨닫는 것이 바로 자신을 거부하는 과정이다. 난 위에서 믿음은 아는 것이라 말했다. 앎이란, 경험에서 나온다. 경험을 많이 하면 할수록 우리는 알 수 있는 게 많아지고 그러한 경험이 쌓이면 똑같은 문제상황에서도 더 좋은 방법을 채택하여, 더 좋은 결과를 낼 수 있다.

하지만 말로만 쉽지 막상 다양한 사람들, 다양한 문화 속에 섞여 살아가다 보면, 배움은 없어지고, 자기 자신조차 상황에 휩쓸려 자신의 믿음이 깨지는 것을 넘어 좌절하게 될 것이다. 혹은 자신의 믿음이 너무 확고한 나머지 타인과 부딪히며, 서로가 더 이상 돌이킬 수 없는 관계가 될 수도 있다. 이것은 남의 이야기가 아닌 나의 이야기고 내 주변인들의 이야기다.

나의 정신은 깨지고, 자신감을 잃어 점점 희미해져 다시는 두려움 앞에 설 용기가 나지 않을 때가 누구나 있다고, 생각한다. 희미해져 버린 나의 발악은 너무나 큰 세상 앞에선 하찮은 몸부림일 뿐이다. 희미한 존재감만을 갖고 있는 난 세상에서 나의 목소리를 낼 수 없는 겁쟁이가 되었다.

이런 겁쟁이를 다시 세상에 나가 싸우라고 얘기하는 것은 너무 잔인하다. 누군가는 이 아이를 안아 줘야 한다. 누군가는 이 아이의 말을 들어 줘야 한다. 그리고 조금 진정이 됐다면, 조금씩 세상 살아가는 법을 알려 줘야 한다. 세상 그 누구도, 부모조차도 가르쳐 주지 않았을 생존 방법을 말이다.

나에게 최소한만을 남기고 모든 것을 버려 보자. 아기로 돌아가는 것이다.

나는 두렵다. 배고픔에 지쳐 쓰러질 거 같다. 나는 낯선 환경에 적응하려 발악하고 있다. 하지만 내 옆에는 날 도와줄 어떤 이도 없다. 이 험한 세상 속 나 혼자 살아가야 한다. 직장 동료, 친구, 가족은 나의 맘을 알아주지를 않는다. 그렇다고 내가 나 자신을 잘 아는 것도 아니다. 난 뭐부터 해야 될까? 난 왜 떨고 있을까? 무엇이 두려운 걸까?

주체라고 불릴 수 없을 만큼 희미한 나는 두려움과 부딪히면, 그저 흐트러질 뿐, 그곳엔 배움도, 깨달음도, 즐거움도 없다. 난 그저 무기력하게 속으로 우는 아기일 뿐 어른이란 가면을 쓰고 난 또 집 밖을 나선다. 세상은 그저 내 겉모습을 사랑해 줄 뿐 나라는 존재를 사랑해 주지 않는다. 그래서 더 열심히 살았다. 하지만, 아무리 열심히 살아도 나의 공허함은 채워지지 않는다. 그 누구도 심지어 나조차도 내 자신을 채울 수 없다.

시간은 흐르지만 난 흐르지 않고 그대로일 뿐, 변하는 건 내 겉모습일 뿐 나는 그대로다. 일을 마치고, 퇴근하는 길 나는 고독한 것일까? 외로운 것일까? 사랑이 고픈 것일까? 무엇이 문제일까? 집에 와 물로 외로움을 씻고, 누워 생각한다. 나는 누구일까?

한번 아기가 되어 버린 나에 대한 드라마 각본을 쓰듯 글을 써 봤다. 자신과 비슷한가? 아니면? 비슷하지 않은가? 우리는 타인의 소리, 세상에 소리가 너무 시끄러워 자신의 내면은 돌아보지 않는 경향이 있다. 내가 진정 원하는 것이 뭔지 내가 뭘 잘하는지, 내가 누구를 좋아하고, 누구를 싫어하는지 난 나에 대해 전혀 모른다.

만약 세상이 혼란스럽고, 인간관계가 복잡할 때에는 귀를 막고, 눈을 감아도 된다. 뭐라 할 사람은 아무도 없다. 잠시 자신을 쉬게 두면 된다. 아무 생각하지 말고, 그저 나에 대한 생각만 하면 된다. 그렇다고 일을 그만두고, 모든 인간관계를 끊으라는 것은 아니다. 너무 급진적인 변화는 오히려 자신을 더 혼란스럽게 할 뿐이다.

그저 시선과 관심을 외부로 돌리지 말고 내부로 돌리면 된다. 직장 동료들과 친구들에게 너무 많은 정을 주는 것은 불안정한 상태에서 좋지 않다고 생각한다. 직장에서는 정보다는 실력을 보여 주고, 친구와는 특별한 사이보다는 평범한 친구로 지내 보는 것도 나쁘지 않다고 생각한다. 특별한 감정을 원하는 친구는 되도록이면 멀리하길 바란다. 적어도 이 책을 읽는 당신이 온전하지 않다고 생각이 들면 말이다. 되도록이면, 내가 노력하지 않아도 나의 옆에서 조잘조잘 얘기하고, 나의 이야기를 들어주는 사람을 찾아보자.

우리가 사회생활을 하다 보면, 머리 쓸 일도 많은데, 인간관계에 너무 많은 에너지를 쏟아붓지 말아라. 세상 모든 사람이 당신을 좋아하게 만들 수는 없다. 당신이 아무리 노력해도 당신을 싫어할 사람이라면, 당신은 그 사람을 신경 쓰기보다는 자신에 대해 생각하는 것이 훨씬 효율적이다. 생각하는 힘을 효율적으로 쓸 수 있어야만 한다. 굳이 내가 어떻게 하더라도 날 싫어할 사람에게 많은 정을 주지 말자. 그저 귀를 막고 눈을 감아라.

당신이 일을 끝내고 샤워를 마친 후 침대 위해 누운 아기가 됐다고 생각해 보자. 어른의 가면을 벗고, 있는 모습 그대로의 모습을 생각해 보자. 그것이 자신을 부정하기 위한 첫 번째 단계다. 그럼 생각해 보자. 당신은 무엇이 두려운가? 두려움이 당신을 찾아온다면 당신은 어떻게 대처할 것인가?

아기들은 자신의 본능을 표출하기 위해 자신의 에너지를 아끼지 않는다. 부모님이 밥을 줄 때까지 아주 그냥 귀가 찢어져라 운다. 이 아이에게 이성적 판단이란 것이 존재할 리가 없다. 그렇다면, 당신은 이 아기와 무엇이 다른가? 자신이 원하는 답이 나오지 않으면, 속상해 있지는 않는가? 부모에게 원하는 것을 받지 못하면, 토라지지는 않는가? 사과 한마디면 끝날 일을 자신의 고집 때문에 일을 더 망치지는 않는가? 당신은 당신의 감정을 효율적으로 컨트롤하는가?

나는 요즘 말로 하면 물음표 살인마다. 당신에 대하여 너무나 궁금하다. 당신의 생각이 듣고 싶다. 그래서 세상이 당신에게 물어보지 않을 질문들을 당신에게 하는 것이다. 당신이 하는 당신의 이야기가 끝이 날 때까지 나는 당신을 귀찮게 할 것이다. 그러니 어서 나에게 말해 보자, 당신의 이야기를.

자신의 믿음과 신념을 새롭게 하고 지키기 위해서는 용기가 필요하다. 상처받을 용기가 필요하다. 강인한 마음이 필요하다는 말이다.

그렇다고 아무나 붙잡고 "당신도 예수와 소크라테스 같은 신념과 믿음을 가지세요."라고 말하면 난 경찰서에서 짜장면을 먹고 있거나 정신병동에 입원하게 되지 않을까?

사실 자신의 믿음을 리셋하는 것은 그렇게 거창한 것이 아니다. 지금 우리에게 필요한 건 쉼이다. '너무 지치지 않았는가?'는 훼이크다.

집에 가만히 누워서 생각해 보라. 자신의 부모님은 나에게 믿음이 무엇인지를 가르쳐 주었는지, 내가 믿는 것은 뭔지, 내가 뭘 두려워하는지를 말이다.

그리고 내가 오늘 하루 동안 어떤 것을 가장 많이 봤고, 들었는지를 생각해 보라 어쩌면 그것이 당신의 믿음을 구성하고 있을지 모른다. 우리는 다시 애기로 돌아가 자신이 가지고 있던 신념과 믿음을 리셋하고 다시 형성할 필요가 있다.

옳은 믿음을 가지기 위해서는 몇 가지 조건이 존재한다. 우리가 기껏 우리의 믿음을 부정하고 기존에 믿음을 버리고 새로운 믿음을 갖는데, 또 다시 잘못된 믿음을 가지면 안 되지 않은가?

그래서 나는 올바른 믿음을 형성하는 조건을 몇 가지 소개할까 한다. 내가 소개할 첫 번째 조건은 죄책감을 수용하는 것이다.

사람은 누구나 죄책감을 가지고 있다. 극소수의 사람들만 제외하면, 우리는 죄책감이란 것을 가지고 있다. 죄책감은 타인의 고통스러운 표정이나, 슬퍼하는 표정을 볼 때 가장 많이 든다고 생각한다. 죄책감은 기본적으로 이타심에서 오는 경우가 많다. 내가 잘못된 선택을 했고, 그로 인하여 상대방을 다치게 했을 때, 우리는 죄책감을 느낀다.

하지만 죄책감을 가진다고 해서 모두가 옳은 행동을 하는 것은 아니다. 인간은 같은 실수를 반복하는 동물이다. 배움 없이는 우리는 같은 실수로 똑같은 죄책감을 느끼게 될 것이고, 그런 현상이 반복되면, 같은 죄책감이라도 이미 그 죄책감에 익숙해진 우리는 같은 행동을 반복하게 된다.

우리는 죄책감이 들 때의 감정을 잘 기억해야 한다. 그리고 같은 실수를 반복하지 않기 위해 항상 주의해야 한다. 타인에게 신경을 쓰다 보면, 자신의 행동이나 마음을 놓칠 때가 많다. 그러니 내 속에 감정을 잘 들을 필요가 있다.

죄책감은 나의 마음과 행동을 바로잡아 주는 윤리학 선생님이다. 선생님의 질책이 지겨워 귀를 막아 버리면, 나의 믿음은 성장할 수 없다. 선생님의 질책은 현재 나의 마음의 상태를 재정비하도록 도와준다. 가르침을 잊지 않고, 잘 학습한다면, 지금보다 훨씬 괜찮은 나로 성장할 것이다.

두 번째 조건은 많은 것을 경험하는 것이다. 세상을 살다 보면, 많은 경험을 하게 된다. 하지만 세상 속에서 살다 보면 나에게 좋은 일도 생기지만, 대부분 나에게 좋지 않은 일이 더 많이 일어나게 된다. 그 이유는 아마 긍정적으로 상황을 파악할 힘과 마음의 여유가 없기 때문일 것이다.

이리 치이고 저리 치이고 내가 축구공도 아니고 이리저리 굴러다니며, 제정신으로 살기 힘든 상황일 것이다. 그렇다면 지금 당장 허리를 쭉 펴고 눈을 부릅뜨고 세상을 노려봐라. 모든 것을 관찰하고 이겨 내겠다는 마음으로 말이다.

당신이 보고 들은 것을 똑똑히 기억했다가 머릿속에 저장해 놔라. 세상에 대해 깨달음을 얻었다면, 당장 핸드폰을 켜 기록해 놔라. 세상의 모든 것은 배움이 된다. 심지어 여름날에 줄지어 가는 개미를 보더라도 누군가는 흔하디흔한 개미를 볼 것이고, 누군가는 사회구조를 볼 것이다. 어려움이 다가와도, 두려움이 다가와도 배울 게 있다면, 아파도 좋다. 눈을 부릅뜨고 지켜봐라. 버릴 게 뭔지 내가 가져가야 할 지혜가 뭔지 분별력을 길러라.

마음속에 쓰레기를 주워 담지 말아라, 돈은 중요하지 않다. 보석은 반짝이는 돌일 뿐, 누군가의 배고픔도 채워 주지 않는다. 부와 명예를 위해 마음속에 쓰레기를 담아 두지 말아라. 당신은 배고픈 소크라테스가 되어야 한다.

세 번째 조건은 독서를 하는 것이다. 우리가 분별력을 갖기 위해서는 많은 지식이 필요하다. 점점 독서의 중요성은 사라져 가고, 많은 정치가들과 목사들의 말은 품격을 잃어 가고 있다. 독서는 많은 사람들과 이야기할 수 있는 기회를 만들어 준다.

같은 관심사를 갖고 있는 사람부터, 다른 관심사를 갖고 있어도 자신이 그런 주제를 알고 있으면 언제든 상대방과 얘기할 수 있다. 여기서 중요한 건 자신이 더 안다고, 자기 생각을 어필하는 것이 아닌 듣고 속으로만, 생각하면 된다. 상대방의 말이 옳고 틀리고는 속으로 정리하고 처분할 건 처분하고 배울 수 있는 것은 기억해 놓는 것이다.

지식의 양이 넓으면 넓을수록 깊으면 깊을수록 우리는 겸손하게 상황과 타인을 대할 줄 알아야 한다. 자신이 있는 자리가 토론하는 곳이 아니라면 굳이 입 밖으로 반대 의견을 내놓지 말아라. 상대방에 성격을 긁고 분위기만 나빠질 뿐 좋을 게 없다.

그리고 어느 정도 책을 읽다 보면, 자기 주관이란 것이 생기는데, 그때부터는 비판적인 시각으로 책을 읽어 보는 것도 나쁘지 않다. 또한 아는 것을 토대로 뉴스나, 신문의 모든 내용을 수용하는 것이 아닌 옳은 것과 그렇지 않은 것을 분별하여 받아들이는 것 또한 자신의 올바른 신념과 믿음을 갖게 하는 것에 도움이 된다.

이러한 정보들이 모였다면, 그것을 소화하는 과정도 필요하다. 내가 누군가와 이야기를 할 때 항상 조심해야 될 것은 내가 이야기하는 것이 습득한 정보 그대로의 상태가 아닌 그 정보의 대한 나의 생각인지 생각해야 한다. 완전한 나의 언어로 구사할 수 있을 때까지 공부한 다음 상대방에게 그 정보를 전하는 것이 중요하다.

정보 중에 옳지 않은 부분을 제거하는 과정과 그러한 정보가 온전히 나의 지식이 됐다는 확신이 들 때 입 밖으로 내는 것이 중요하다. 타인에게 잘못된 정보를 제공하는 것은 옳지 못하다. 타인이 틀린 정보를 전한다고 해서 나 또한 그렇게 행동하면 안 된다. 언제나 자신의 생각이 맞는지 생각하고, 자신의 한 말이 옳았는지 생각하는 자세가 필요하다. 자신이 옳다고 믿는 것은 자신을 부정하는 것에 있어서 전혀 도움이 안 된다. 자기만족이라면 모를까.

네 번째 조건은 타인의 의견을 경청하는 것이다. 타인의 이야기를 경청한다는 것은 아주 중요한 일이다. 경청을 한 후 가장 적절한 답을 골라 말해야만 이야기는 지속되고, 이야기가 긍정적인 방향으로 흘러갈 수 있다. 그렇게 되면 상대방에게 더 많은 이야기를 듣게 되는데, 내가 알게 되는 정보가 많아질 수 있는 기회다. 그리고 상대방에게 얻을 수 있는 정보는 말뿐만 아니라 표정에도 있다. 상대방의 표정을 보면 나의 이야기가 흥미로운지 지루한지 알 수 있다. 눈치 없는 사람들이 타인의 말과 행동 그리고 표정을 읽지 못해 분위기를 망치거나, 혼자만 즐거운 이야기를 하는 경우가 있다.

타인의 이야기를 경청하는 만큼이나 중요한 건 타인이 말하는 나의 단점을 수용하는 것이다. 자신의 믿음과 신념을 형성하는 과정에서 타인의 질책을 들을 수도 있다. 하지만 그럴 때마다 발끈할 필요는 없다. 그저 다시 생각해 보고 나의 행동이 틀렸다면, 바로잡으면 된다.

한 번의 비판에 많은 감정을 낭비하는 것은 좋지 않다. 언제든 난 변할 수 있고, 성장할 수 있다. 아픔은 빨리 털어 버리고, 다시 시작하면 된다. 그리고 달라진 당신의 모습을 보여 주면 된다. 당신에게는 그런 용기가 필요하다. 한순간에 당신의 인생은 끝나지 않는다. 당신은 과정 속에 살아가는 존재다. 그러니 너무 겁먹지 말고, 좌절하지 말고, 빨리 털고 일어나 다시 도전해 보자. 도전은 공짜니까.

그리고 최대한 적을 만들지 않는 것이 중요하다 상대방의 신념을 꺾지 않는 선에서 자신의 신념을 얘기하는 것이 중요하다. 서로의 믿음과 신념을 지키며 대화하는 것도 중요하고, 나와 다른 생각을 가진 사람에게 나의 생각을 기분 나쁘지 않게 잘 표현하는 것도 중요하다.

그러한 과정에서 신기한 일이 벌어지는데, 두 명의 생각이 공유되고, 재조합되어 새로운 것이 탄생하게 된다. 그렇게 우리의 믿음은 더욱 다채로워진다.

적을 두는 것은 나에게 좋지 않다. 상처받을 가능성이 커질뿐더러 그 사람이 뒤에서 내 얘길 어떻게 할지 모르기 때문이다. 얼굴을 보며, 이야기를 통해 오해를 풀면 좋겠지만, 낙인을 찍는 게 더 간단하니 뒤에서 자신에 대한 얘기를 통해 선동하기 시작할 것이다.

하지만 나에게 적이 생겼다고 무서워할 필요는 없다. 그저 하나의 경험일 뿐 잘 기억해 뒀다가 다음에 같은 일이 생겼을 때 잘 대처하면, 그것 또한 나의 믿음이 된다. 최대한 인연을 끊지 말아라. 모든 상황은 경험이고 배움이 된다. 미움받는 것을 두려워하지 말아라. 어차피 대부분의 사람들은 당신을 떠날 것이고, 다시 돌아오지 않을 사람들이다. 어차피 떠나보낼 사람 그냥 인간관계 연습했다 생각하고, 용기를 갖고 대화해 보는 걸 추천한다.

믿음이란 눈에 보이는 것이 아니지만, 내 마음속에 점점 형체를 드러내며, 마치 보이는 것과 같이 된다. 믿음이 확실하지 않을 때는 쉽게 쓰러지지만, 형체를 갖고 내 마음속에 자리를 잡게 되면 쉽게 쓰러지지 않는다. 믿음과 신념을 어떤 재질로 어떤 모양으로 만들어 나가는지는 자기 선택이다. 난 모든 사람들이 자신만의 아름다운 믿음과 신념을 가졌으면 좋겠다. 믿음은 쌓고 깎고를 반복해 점점 거대하고 아름다운 형태가 된다.

　그리고 그러한 믿음은 나의 원동력이라 할 수 있는 것이 되며, 나의 말과 행동에 기준이 된다. 건강한 믿음과 신념은 내가 앞으로의 세상을 살아가는 데 꼭 필요한 것이다. 과거 항해를 할 때 길잡이가 되어 준 별처럼, 처음 가 보는 곳에서도 길을 찾아 주는 네비게이션처럼, 내가 아기였을 때 나의 믿음이 되어 준 부모처럼 믿음은 내가 평생 간직하며, 살아가야 할 동반자다. 그러니 항상 믿음과 신념을 갖고 살기를 바란다.

　믿음은 회복탄력성과도 깊은 관련이 있다. 아무리 힘들더라도 내게 해야 될 일이 있으면, 내 몸은 그렇게 행동한다. 마음이 길을 잃었다 하더라도, 믿음이라는 지표를 따라 걸어가다 보면 익숙한 길이 나오고 마음은 금방 원래의 상태로 회복될 것이다. 내가 뭘 해야 하는지 알려 주는 것이 믿음이다. 그렇기에 내가 아무리 힘들더라도 나의 갈 길을 잃지 않으려면, 믿음이 필요하다.

　우리는 자신을 부정하고, 옳은 신념과 믿음을 쌓는 법을 배웠다. 하지만 이게 말처럼 쉬우면 좋겠지만 세상은 착한 날 가만히 내버려두지 않는다. 죄를 짓는 나에게 괜찮다 그리고, 게을러 누워만 있는 나를 괜찮다 그런다. 뭔가가 이상하다. 내가 이렇게 살면 결과가 안 좋을 게 뻔한데, 주변 사람들과 세상은 나보고 괜찮다 말해 준다.

　심지어 교회에서 나의 모습을 있는 그대로 사랑해 준다고 말한다. 이건 잘못된 게 분명하지만, 이렇게 사는 게 어쩌면 편할지도 모른다는 생각에 나의 믿음은 다시 병들어 가고 있을지 모른다 그러니 우리는 항상 경계해야 한다. 세상에서 나의 믿음과 신념을 병들게 하는 것이 무엇인지 몇 가지 알아보는 시간을 가져 보자.

• 뱀파이어

　세상에는 뱀파이어가 살고 있다. 우리의 정신을 쪽쪽 빨아먹는 존재들이다. 그들은 하루 종일 내 옆에서 자신의 생각을 주입시키고 나의 정신을 약탈해 간다. 자신의 영역을 넓히려는 것인지 그들의 생각은 자존감이 낮은 사람들로 하여금 퍼져 나간다.

　우리의 믿음이 아직 성숙하지 못하고, 자신이 착해 빠진 나머지 상대방의 말을 끊지 못하고 계속 듣다가 우리가 반박이라도 하면, 무조건 자신의 생각이 옳다고 말하는 사람들이 있다. 단언컨대 그 사람과는 웬만하면 인연을 끊기를 바란다. 그럴 수 없다면, 그 사람과는 대화를 피하는 것이 옳다고 생각한다.

　우리는 익숙한 것에 끌린다. 그렇기에 많이 들으면 들을수록 상대방의 말은 익숙해지고, 편해지며 언젠가 그 사람의 말이 곧 믿음이 된다. 그런 사람들이 상대방의 마음을 조종할 때 이용하는 것은 살고자 하는 우리의 간절함, 인정받고자 하는 간절함이다.

　그 간절함을 이용해 상대방을 조종하는 것이 뱀파이어들의 특징이다. 누구에게나 간절함은 존재한다. 하지만 그러한 간절함을 이용해 자신의 사리사욕을 채우는 것은 용납할 수 없는 일이다. 우리의 간절함은 그 누구도 해소해 줄 수 없고, 누구도 책임져 줄 수 없다. 자신도 살기 바쁜데 굳이 당신의 간절함을 채워 주겠다 다가오면, 의심부터 해 봐야 한다.

　우리는 아기들에게 모르는 아저씨가 맛있는 거 사 준다고 따라가지 말라고 가르치지만, 그 가르침은 아기들에게만 해당되는 것은 아니다. 입은 달콤한 말을 하지만, 속으로는 욕망을 숨기고 있는 사람들이 세상에는 너무도 많다. 누군가는 우월감을 느끼기 위해, 누군가의 자존감을 착취하기 위해, 누군가는 자신의 욕망을 채우기 위해 누군가를 속인다.

　신념과 믿음이 바로 선 사람이라면 걱정할 것이 없지만, 그렇지 않은 경우 그 사람에게는 큰 상처가 될 수 있다. 세상은 진실보다 거짓이 더 많고, 선보다는 악이 더 많다. 그렇기에 우리는 거짓에 속지 않기 위해 정확한 분별력과 강인한 마음이 필요하며, 회복탄력성이 잘 작동해야 한다.

● 집착

　내가 누군가를 혹은 무엇인가를 믿는 것이 사실은 집착이라면 어떻게 할 것인가? 우리는 믿음과 집착을 헷갈릴 때가 많다. 특히 신앙생활을 하는 사람이라면 자신의 믿음을 다시 한번 돌아볼 필요가 있다. 신앙에 빠져 현생을 챙기지 못할 때가 있다면, 자신의 믿음을 다시 한번 생각해 봐라. 잘못된 신앙으로 인하여 생기는 가족들의 고통을 모른 척하게 내버려두는 것이 신이라면, 그것은 신의 탈을 쓴 사탄이다.

　현재 이단의 신도 수는 점점 늘고 있다. 고통스런 현실 앞에 더 이상 버티지 못한 사람들은 하나둘 도피처를 향해 떠나간다. 그러한 현상을 가장 잘 보여 주는 곳 중에 하나가 이단이라 생각한다. 그들의 행보는 정말 눈 뜨고는 볼 수 없다. 정신병원에 입원해야 할 필요가 있는 조현병 환자를 신으로 모시는 것이 말이 되는 일인가 싶다. 그들의 논리는 현실을 살고 있는 우리에게는 이해할 수가 없다.

　그들의 광적인 믿음은 그들만의 고통으로 끝나는 것이 아니다. 그들의 가족은 이단에 빠진 가족을 위해 일상을 다 포기하고 눈물로 하루하루를 지내고 있다. 이단에 빠진 사람이 치뤄야 할 대가를 그의 가족들까지 같이 치르고 있는 것이다.

　내가 생각하기에 아무 노력 안 하고 특별해지고 싶은 사람들, 그것이 이단에 빠진 사람들이다.

이단에 들어가기 위해 재산을 정리하고, 들어가는 경우가 많다. 물론 그 재산은 이단에게 몰수된다. 그리고 그들은 자신들만이 진리고 자신들을 제외한 모두는 멸망할 것이라고 믿는다. 그렇다, 그들의 논리를 따져 보면 다수의 특별하지 않은 사람들과 특별히 신의 구원을 받을 사람들이 나누어진 것이다. 한마디로 그들이 갖고 있는 믿음은 믿음이라 할 것도 없는 정신 승리다. 정작 그들의 경제적 능력과 사회적 평판은 평범을 벗어난 완전한 밑바닥인데 말이다. 그들의 그러한 집착은 사회적 문제로 커져 버렸다.

물론 낙오된 모든 사람을 돌봐 주지 못하는 나라의 한계도 있겠지만, 그들이 저지른 죄는 언제가 치렀으면 하는 게 나의 바람이다. 죗값을 모두 받고, 피해자들에게 사과하고, 반성하는 시간과 함께 자신을 부정하며, 다시 배움을 시작한다면, 그것이 그들에게는 구원의 시작 아닐까?

신이 우리에게 바란 용서는 피해자를 위해 존재해야 한다. 하지만 현재 많은 신앙인들은 피해자에게 용서를 구하는 것이 아닌, 신에게 회개한다. '그러한 용서를 과연 신이 좋게 봐 줄까?'라는 생각이 문득 든다. 올바른 신앙인이라면 내가 피해 준 사람에게 용서를 구할 것이다.

이단에 빠진 사람들 중 소수의 사람은 자신을 부정하며, 자신 때문에 고통받은 이에게 진심 어린 사과와 함께 길고 험난하지만, 잘못된 길에서 옳은 길로 방향을 바꾸기도 한다. 하지만 이러한 사람이 세상에 많지는 않다.

하지만 변하려 노력하는 사람이 거의 없음에도 어딘가에서는 그들을 위해 봉사하는 사람들과 기도하는 사람들이 있다. 그리고 눈물로 그들을 찾는 가족들이 있다. 그들에게는 아직 희망이 있다. 그 희망을 붙잡는 것은 누군가가 해 줄 수 있는 것이 아닌 오직 자신이다.

이렇듯 집착은 많은 부작용을 낳는다. 뉴스를 보면 심심찮게 데이트 폭력에 대한 내용을 볼 수 있다. 이러한 경우는 인간을 신격화시키는 것에서 온다. 이성에 대한 혹은 타인이 집착의 대상이 된 순간 그 사람은 신이 된다. 자격지심이 있는 이들로 하여금 자신이 가지고 있지 않은 것을 가진 사람을 동경하는 것을 넘어 집착하게 되는 것이다. 집착의 대상은 완벽해야 하며, 내 옆에만 있어야 한다.

만약 나의 믿음 아닌 집착에 부흥하지 못하면 수단과 방법을 가리지 않고 상대방을 자신의 좁은 세상에 가두려 한다. 이들은 집착의 대상이 없으면, 자신이 아무것도 아니라는 두려움에 벌벌 떠는 겁쟁이들이다. 이들의 시야는 너무도 좁아 내가 믿는 대상만을 탐닉할 뿐, 세상 속에서 무엇인가를 배우려 하지 않는다.

누군가를 집착하는 사람도 집착을 당하는 사람도 자신의 신념을 형성하기는 어렵다. 집착의 피해자들은 사람에 대한 두려움을 이겨 내기 전까지는 그들의 신념과 믿음의 성장은 잠시 멈추게 된다.

• 게으름

마음의 여유가 있어 모든 일을 신중하게 처리하는 것은 괜찮다 생각하지만, 게으름을 피우는 것은 문제가 있다. 게으름 자체를 나쁘게 보는 것은 아니지만, 모든 문제를 간편하게 해결하려는 것이 문제다.

간단한 게 좋게 말해서 간단이지 그냥 단순한 거다. 모든 문제에는 문제를 어떻게 해결할 것인가에 대한 선택권이 존재한다. 그러한 선택 앞에 잔꾀를 부리는 것이 게으른 사람들의 특징이다. 문제가 닥쳤을 때 우린 해결 방안을 생각하게 되는데, 생각하는 것조차 귀찮은 사람들은 대충 문제를 넘기거나 아예 무시하는 경우가 있다.

이럴 경우 문제는 다음에 더 큰 문제가 나에게 찾아올 수 있다는 것이고, 그것보다 더 큰 문제는 다음에는 도망칠 곳이 없을 수도 있다는 것이다. 그러한 상황에 평소 모든 문제를 헤쳐 나갔던 사람이라면, 평소대로 문제 앞에 서서 골똘히 생각하겠지만, 그렇지 못한 사람은 등에서 식은땀이 먼저 흐르고 뭐부터 해야 될지 몰라 우왕좌왕하는 사이 문제는 점점 커질 것이다. 아기가 부모가 모든 문제를 해결해 주길 바라듯 그저 그냥 이 시간이 지나가기만을 바랄 뿐이다.

문제와 고난 앞에서 우리는 손님을 맞는 집주인처럼 차분하고 정성스럽게 대해야 한다. 손님의 입맛을 알고 요리하는 것처럼 우리는 문제의 대하여 자세히 알아야 하고, 손님이 하는 말을 듣는 것처럼, 우리는 문제를 차분히 다뤄야 한다. 또한 손님에게 겸손한 태도를 취하는 것처럼, 우리는 자신의 능력을 정확히 파악하여, 해결할 수 있는 문제인지 아닌지를 파악해야 한다. 해결할 수 없는 문제임에도 무작정 부딪히는 것은 현명하지 않다. 때로는 도움을 구하기도 하고, 문제를 소분하여 작은 것부터 차근차근 풀어 나갈 수 있는 사람이 되어야 한다.

하지만 이러한 방법은 시간도 많이 걸리고, 체력도 많이 쓰는 일이라, 게으른 사람들에게는 와닿지 않는 방법일지도 모른다. 그들은 문제의 본질을 보려 하지 않는다. 그들은 편법을 쓰거나, 불법을 저지르기도 하며, 문제 자체를 무시하기도 한다.

세상에 나오는 것이 무섭고 귀찮은 은둔형 외톨이부터, 책임을 회피하려는 정치인 그리고 기득권자까지 세상에는 게으른 사람들이 너무 많다. 특히 폭력적인 사람들은 문제를 단순한 폭력으로 해결하려는 것에 있어서 게으르다. 대화가 귀찮고, 공감이 귀찮고 모든 게 귀찮은 것이다. 그들에게는 상대방을 설득시킬 만한 지능과 어휘력이 없는 것이다. 또한 그러한 능력을 향상시킬 의지도 근면 성실함도 없다.

나의 신념과 믿음의 형성하는 것 중에 하나가 성실함이다. 문제 앞에 편법과 회피만을 선택한 그들에게 올바른 믿음과 신념이 자라나는 것은 고사하고, 그러한 믿음과 신념이 있다 한들 그것을 실현시킬 만한 의지가 없다. 아기 때는 누구나 성장하려는 의지가 있다. 아기가 몸을 뒤집을 때야말로 아기의 첫 도전이라 할 수 있다. 하지만 우리는 언젠가부터 성장을 멈추고, 편한 안식처만을 찾고 있다. 그러한 안식처가 자신의 도태를 촉진시키는 사실을 모른 채 우리는 살아간다.

어려움 앞에 고뇌하고, 눈물을 흘리며, 죽을 거 같아 도움을 구하는 이들은 점차 세상에 살아갈 수 있는 힘이 생긴다. 그것이 세상 속에서 생존할 수 있는 힘이다. 그리고 그러한 생존할 수 있는 힘은 언젠가 고난이 나를 찾아왔을 때 나의 믿음과 신념을 지켜 줌과 동시에 성장시켜 준다.

• 오만

겸손한 사람에게는 세 가지 특징이 있다. 큰소리 내지 않으며, 자랑하지 않고, 카리스마가 있다.

그들은 자신이 가지고 있는 것을 타인에게 자랑하지 않는다. 또한 언제나 타인의 눈높이를 맞춰 얘기해 주고, 타인이 가지고 있는 것을 질투하지 않는다. 가진 것이 없어도 항상 평정심을 유지하는 것이다.

주변을 살펴보면, 이러한 사람이 간혹 존재하는데, 그런 사람들이 누군가의 의지가 되어 주기도 하고, 조언을 해 주기도 한다. 내가 가진 것이 없어도, 자신의 존재가 충분히 가치가 있다는 것을 아는 사람이며, 가진 것 없어도 이들은 행복할 수 있는 사람들이다.

또한 싸울 일 자체를 만들지 않기 때문에 큰소리를 낼 필요도 없다. 언제나 필요한 말만을 하며, 힘을 낭비하지 않는 것이다. 그들에게도 힘든 일은 찾아오지만, 그들은 묵묵히 문제를 해결할 뿐 문제를 해결하는 에너지 외에는 사용하지 않는다.

카리스마에 대한 글을 쓰다 보니 왜 이렇게 속세를 벗어난 스님들이 떠오르는지 모르겠다. 모든 스님이 겸손하다고는 할 수 없지만, 우리가 절을 찾아가는 이유가 무엇인지는 조금 알 것 같다. 내게 문제가 생겼을 때 조언을 얻고 싶어 가거나, 마음의 안정을 찾아 절을 가는 것이 아닐까? 그들은 필요한 말만을 할 뿐 불필요한 말을 하지 않고, 외적인 것보다 내적인 가치를 더 중요하게 생각한다.

세상에 겸손한 사람들만 넘쳐 나면 좋겠지만, 겸손과는 거리가 먼 오만한 자들이 있다. 그들 옆에 있으면, 항상 마음이 불안하고, 부정적인 감정이 든다. 언제나 자신이 가진 것을 자랑한다. 그들은 자신의 가치를 자신이 가지고 있는 것으로 한정하는 경우가 있다.

자신의 차가 무엇이고, 어디를 놀러 갔고, 이성의 전화번호는 얼만큼 있으며, 자산은 얼만큼 가지고 있는지가 그들의 주된 이야기이기 때문에 그들과 얘기를 하는 것은 별로 흥미를 유발하지도 않고, 재미도 없을뿐더러 교훈이 되지도 않는다.

오만한 자와 같이 있는 것은 자신의 믿음과 신념을 성장시키는 데 전혀 도움이 되지 않는다. 차라리 나무를 가만히 보고 있는 게, 나에게 더 큰 깨달음을 주기도 한다. 얼마나 아름다운가, 아름다움을 가지고 있음에도 아무 자랑 않고 항상 그 자리를 지키는 것이.

만약 오만한 자들이 가지고 있던 모든 것들이 갑자기 사라졌을 때의 얼마나 많은 사람들이 그의 곁에 머물러 줄까? 진정한 인연은 내가 가장 힘들 때 옆에 있어 준 친구다. 만약 가진 게 없어 본 적 없는 사람이라면, 주변에 사람들을 한번 다시 볼 필요가 있다. 자신의 가진 것을 보고 꼬인 사람인지, 아닌지를 판단해 보는 시간을 가지는 것을 추천한다.

무엇인가를 자랑한다는 것은 분쟁을 일으키기 딱 좋은 행동이다. 세상에는 질투가 많은 사람들이 많다. 사실 거의 대부분 질투를 한다. 그런데 그런 사람들 가운데서 자신의 잘남을 강연하기 시작하면, 어떤 일이 벌어질까?

아마 누군가는 혐오하기도 하고, 질투하기도 할 것이다. 적어도 잘남을 자랑하는 사람에게 긍정적인 감정을 드러낼 가능성은 적다. 겸손히 자신을 잘 파악하고, 자신이 정말로 해야 될 말만 하는 사람에 비해 자랑을 좋아하는 그들의 말투는 경솔한 말들로 가득 차 있다.

그들에게 물질적으로는 해결할 수 없는 문제가 생긴다면, 그들은 당황할 것이고, 어떻게든 문제를 해결하기 위해 애쓰지만, 효율적으로 해결하기는 쉽지 않을 것이다.

그들 중 누군가는 나에게 "자본주의 사회에 돈으로 안 되는 게 어디 있어?"라고 질문하는 사람은 분명히 존재한다. 그들에게 해 주고 싶은 말은 돈은 대부분의 문제를 해결할 수 있지만, 가장 중요한 인간관계에 대한 문제와 마음에 생긴 문제는 해결해 줄 수는 없다는 것이다.

아무리 돈이 많아도 절교를 하고, 이혼을 한다. 그런 과정에서 큰 상처를 받기도 한다. 그 상처를 당신은 돈으로 해결할 수 있는가? 눈에 보이는 문제는 어찌저찌 해결할 수 있다지만 근본적인 문제는 돈으로 해결할 수 없다는 게 내 생각이다. 돈이 없어도 행복할 사람들은 행복할 것이다. 돈이 없어 불행하다는 사람들도 가난이 문제가 아닌 마음의 문제일 수 있다. 돈이 없어도 행복할 수 있는 법을 배워라.

모든 문제를 물질적으로 해결하려는 자들에게 내면의 성장을 바라기는 쉽지 않다. 또한 내면의 성장이 덜 된 사람에게 겸손한 말과 행동이 나오기란 쉽지 않은 일이다. 그들의 말은 항상 경솔하며, 배울 것이라고는 없다.

• 편견

　누구나 조금의 편견은 가지고 있다고 생각한다. 이러한 편견은 언제나 사회적 약자들이 대상이 된다. 또한 문화적 차이로 인한 지역 또는 국가 사이에 가지고 있는 편견도 존재한다.

　편견을 갖게 되는 원인은 우리가 무엇인가를 보고 너무 빠른 판단을 내리기 때문이라고 생각한다. 무엇인가를 관찰하고, 생각하는 시간은 갖지도 않은 채 우리는 너무 빠른 판단을 내리고 만다. 너무 많은 정보 탓일 수도 있다. 처리해야 할 정보는 많은데, 시간은 정해져 있으니 별거 아닌 정보는 그냥 결론을 내 버리고 처리하는 게 효율적이니 우리는 효율적인 방법을 선택하는 것이다.

　모든 여성을 한 명씩 다 관찰하고, 생각하는 것이 아니라 그저 여자라는 이유 하나로 그 사람의 능력이 평가되는 것처럼, 무엇인가 편견을 갖는 것은 효율적이라 우리는 많은 편견을 갖고 살아간다.

　나는 과거 정신병동에 입원한 적이 있다. 감기 걸린 사람이 병원에 가는 것처럼 마음에 감기가 들어서 입원하게 됐다고 생각하라는 의사 말과는 달리 세상이 나를 바라보는 시선은 그리 좋지는 않았다. 운전면허증 응시를 하더라도 정신과 진료 기록이 있는지 적어야 하며, 회사 면접을 보더라도 굳이 자신이 정신과를 다닌다고 언급하지 않는다.

주변인들과 얘기를 하면, 그저 의미 없는 위로와 조언만 오고 갈 뿐, 세상은 정신병을 앓고 있는 나를 그렇게 달가워하지 않는다. 그럼에도 내가 꿋꿋이 살 수 있던 이유는 참고 기다려 준 가족과 친구들 덕분이라고 생각한다.

내가 입원할 때에 많은 사람들을 만났다. 약물중독, 알코올중독, 알츠하이머, 조울증, 우울증, 분노조절장애, 조현병 등등 이러한 원인들로 온 사람들이었다. 난 최대한 그들의 말을 들으려 노력했다. 그들의 얘기는 섬뜩하기도 했고, 이상하기도 했고, 평범하기도 했다. 그리고 누군가의 얘기는 아예 알아들을 수가 없었다.

시간이 흘러 그곳 사람들과 친해지고 안 사실이지만, 그들이 퇴원을 해 세상에 다시 나가 생활하더라도 다시 입원하게 될 확률이 매우 높다는 것이다. 정신과 병원을 다니는 사람에 대한 편견 때문인지 아니면 개인적인 이유 때문인지 그들은 세상에 나가도 얼마 지나지 않아 또다시 입원하게 된다.

건강한 믿음과 신념이 형성되기도 전에 너무나 큰 문제 혹은 오랜 시간 해결되지 않는 문제가 나를 찾아왔을 때 그들이 느끼는 스트레스는 컸을 거고, 그러한 스트레스가 뇌를 망가뜨리기에는 충분했을 것이다. 뇌가 고장 나면, 위로와 공감은 소용이 없고, 그들을 고칠 수 있는 것은 오로지 약물뿐이다.

병원 생활이 오래되면 오래될수록, 아픈 기간이 오래되면 오래될수록 그들의 일상을 다시 되찾기란 쉽지 않게 된다. 물론 치료가 어느 정도 진행되고, 상태가 호전되면, 어느 정도 약을 줄이고, 퇴원을 해 일상적인 삶을 살아가는 사람도 적지는 않다.

병원 내에서 하루에 20알 가까운 알약과 물로 배를 채우며, 한 달 만에 15kg 이상 몸무게가 빠졌다. 그럼에도 내가 그곳에서 퇴원해 정상적으로 살아갈 수 있었던 건 같이 입원했던, 동료들 때문이다. 물론 입원하기 전 읽었던 심리학과 철학책이 많은 도움이 되긴 했지만, 그 내용들이 나의 외로움과 고독을 해결해 주지는 않는다.

그들의 이야기를 듣다 보면, 배울 점도 많다. 부모들의 잘못된 가르침이라든지, 세상 속에서는 어떠한 문제가 있는지 등등 많은 배움이 있었다. 세상 사람들의 편견으로 인해 아무도 들으려 하지 않았던 그들의 이야기 속에는 많은 배움이 있었다.

그러한 배움이 나의 믿음과 신념을 성장할 수 있게 했고, 내가 나를 포기하지 않을 수 있게 해 줬다. 또한 그들의 이야기를 책에 써 세상에 알려 주고 싶다는 꿈을 심어 주기도 했다.

장애인이든 노인이든 어린이든 여자든 남자든 자세히 들여다보지 않으면, 그들의 가치를 알 수 없다. 우리는 편견을 갖고 살아가는 것이 아닌, 무엇이든 수용할 수 있는 마음을 갖고 살아가야 한다. 다양한 사람과의 경험 그리고 이야기는 나의 믿음과 신념을 폭넓게 만들어 준다. 편견을 갖는 것은 편견의 대상이 되는 사람의 이야기를 무시하고, 그 사람을 평가하는 것과 같다. 하지만 그 사람의 이야기를 주의 깊게 듣다 보면, 분명 배울 점이 있을 것이다.

• 거짓말

거짓말이란 주제로 글을 쓰려고 마음먹은 날로부터 2일 후 난 보이스 피싱의 피해자가 되었다. 내게 전화를 줬던 사람이 보이스 피싱범이란 것을 안 후에는 이미 나의 소중한 돈이 다른 이의 통장에 돈이 찍힌 후였다. 이렇듯 이번 사건은 세상은 거짓으로 가득 차 있다는 것을 보여 주었다.

보이스 피싱에 걸려들었다는 사실을 안 후에 나의 등줄기에서는 식은 땀이 흘렀고 나의 사고 회로는 고장이 났다. 그도 그럴 것이 과거에 이와 같은 경험을 해 봤다면, 당황이라도 안 했을 텐데 젊은 나이에 이런 일을 당하니 머리를 개머리판으로 맞은 느낌이었다. 이번 사건을 배움으로 삼고는 싶지만, 빼앗긴 돈이 너무나 아까웠다.

그럼에도 난 나를 자책할 수밖에는 없었다. 모든 선택에 책임은 나에게 있기 때문이다. 그러므로 얼굴도 알지 못하는 보이스 피싱범만을 탓할 수는 없었다. 그리고 나에게는 직장이 있기에 최대한 빠르게 마음을 추스르고 다음 날 출근을 해야 하는 상황이었다.

피해 사실 확인 후 나는 상대방 계좌를 정지시켰고, 바로 증거들을 캡처했다. 그 후 보이스 피싱범에게 다시 전화가 왔길래 내가 상대방의 정체를 알아차린 것을 들키지 않게 얘기를 유도하며, 녹음 버튼을 눌러 대화 내용을 녹음했고, 경찰서에 사건을 접수했다.

그리고, 내가 잃은 돈은 세상을 공부한 값이라 생각하며, 다음 날 새로운 마음으로 출근을 했다. 사회 초년생에게 전 재산과 같은 돈을 하루아침에 잃었지만, 좌절을 극복하는 법과 죽을 힘을 다해 살아가는 법을 알기에 빠르게 일어날 수 있었다.

그리고 얼마 지나지 않아 가해자의 통장이 모두 거래정지 됐다는 사실을 알았고, 통장에는 나의 돈이 그대로 있다는 사실도 알게 되었다.

하지만 모두가 이러한 문제를 나처럼 대처하는 것은 아니다. 옛날에 나는 밤에 조깅을 하기 위해 밖에 나와 달리고 있는데, 어디선가 울음소리가 들리기 시작했다. 가까이 가 보니 어떤 아주머니가 세상을 잃은 것마냥 목이 찢어져라 울고 있었다. 처음에는 금방 진정하고 들어가겠지라는 생각으로 그냥 지나쳤다. 그때 난 같은 곳을 반복해서 뛰고 있었는데, 몇 시간을 운동하고 있음에도 앉아서 울고 있길래 뭔 일인가 싶어 아주머니에게 다가가 사정을 물어봤다.

그 아주머니는 보이스 피싱으로 내가 피해 본 금액의 두 배 정도를 사기당했다고 나에게 말해 주었다. 그리고 그 돈이 가족들의 돈인 것을 나에게 말하고는 다시 엉엉 울기 시작했다. 괜히 아무것도 해 줄 수 없는 내가 미안해지고, 거짓으로 간절한 사람들의 돈을 약탈하는 보이스 피싱범들이 미워졌다. 그렇게 난 아주머니에게 신고 방법을 알려 드리고 다시 운동을 시작했다. 사실 신고를 한다고 해도 돈을 못 찾는 경우가 대다수다.

이렇듯 세상에는 다양한 거짓들이 존재하며, 그러한 거짓은 누군가의 일상을 파괴하며, 누군가는 사기로 인해 스스로 목숨을 끊기도 한다. 안타까운 일이 아닐 수 없다.

이렇게 자신의 이득을 위해 타인을 속이는 행위는 피해자들로 하여금 세상에 대한 불신을 심어 주기도 하며, 최악의 경우 그들의 삶 자체를 파괴한다.

또한 거짓말을 자신을 보호할 때 쓰기도 하는데, 그러한 방법은 좋은 방법이 될 수 없다. 한 가지의 문제를 해결하기 위해 했던 거짓말은 또 다른 문제를 만들고 그 문제를 해결하기 위해 또 다른 거짓말을 하게 되면 그 거짓말은 또 다른 문제를 만든다. 근본적인 해결 방법 외의 해결 방법은 언젠가 다시 재발하게 되어 있다.

이런 문제를 나는 세월호 사건을 보며 느꼈다. 분명 사건이 터지고 얼마 지나지 않아 대부분의 학생들과 승객들이 구조됐다는 뉴스를 봤는데, 끝내 돌아오지 못한 사람들이 배를 탄 승객의 반을 훨씬 넘겼다. 뉴스의 오보와 정치인들의 거짓이 유가족들의 마음을 갈기갈기 찢어 놨고, 유가족들을 두 번 죽였다. 책임져야 될 사람들의 사과 아닌 거짓 증언과 거짓 보도는 국민들을 분노케 하기 충분했다.

이렇듯 거짓은 문제를 해결하기는커녕 더 큰 문제로 만들뿐더러 그러한 거짓을 감추기 위해 더 큰 거짓말을 해야 된다는 점에서 문제가 많다. 차라리 빠르게 인정하고, 책임져야 될 부분에서는 책임을 지고, 자신의 잘못으로 피해를 본 사람들에게 사과를 하고, 달라진 모습을 보여 주는 것이 모든 면에서 깔끔하고, 그런 모습이 다른 이가 보기에 훨씬 어른스러워 보인다.

더 이상 유치원 때 배우던 걸로 서로 얼굴 붉힐 일이 없었으면 좋겠다. 내가 유치원 때 이불에다가 미지의 세계를 그린 적이 있는데, 내 동생 이불이랑 내 이불이랑 바꿔 놨다가 부모님에게 들켜 더 많이 혼난 적이 있다. 유치원 때나 하던 실수를 어른들이 저지르고 있다면, 특히 정치인들이나 기득권자들이 저지르고 있는 것을 보고 있으면, 뭔가 일이 잘못돼도 한참 잘못됐다는 것을 느낀다. 반성하고 책임을 지며 겪는 경험은 나의 믿음을 더욱 굳건하게 만들어 준다. 믿음은 진실해야 한다.

믿음은 깎고 쌓고를 반복하는 일이다. 그러기에 제대로 쌓는 법을 알아야 하고 무엇을 깎아 내야 하는지 정확히 알아내야 한다. 그렇지 않으면, 이상한 걸 쌓아 버리거나, 깎아 버린다.

올바른 믿음과 신념을 갖는 것이 쉬운 일만은 아니다. 하지만 우리에게 올바르고 폭넓은 믿음과 신념이 필요하다. 세상을 살다가 타인을 만나서 나의 이야기를 할 때에도 나의 신념이 무엇이고, 나는 앞으로 어떻게 살아갈 것인지를 확실히 말하는 것이 중요하며, 이러한 믿음과 신념이 입에서 나올 정도라면, 어떤 문제가 닥치더라도 우리는 나의 믿음과 신념대로 문제를 해결하며 앞으로 나아갈 수 있다.

3장

타인이란 무엇인가?

살아가면서 많은 사람을 만나게 된다. 마음에 드는 사람, 미운 사람, 그냥 그런 사람 등등 많은 사람을 만나게 된다. 그리고 우리가 처음으로 만나게 된 타인은 바로 우리 부모들이다. 나이를 먹고 몇십 년을 같이 살아도 서로에 대해 잘 아는 게 없고 툭하면 싸운다. 이것이 진정한 타인이라는 소리다. 어느 정도는 공감하고, 서로 배려하고 규칙을 만들어 살지만, 가족들은 나에게 타인이다.

나의 책은 나를 사랑하는 법을 다루지만, 나를 사랑하는 전제 조건 중에 하나가 타인을 잘 아는 것이다. 우리는 혼자 살아갈 수 없음에 부정할 수 없을 것이다. 집에서 움직이지 않는 은둔형 외톨이들도 부모에 의해서 세상에 태어났다는 것을 부정할 수 없다. 우리는 알게 모르게 타인과 관계를 맺으며 살아가고 있다.

우리는 부모를 다 안다고 생각하지만, 절대 그렇지 않다. 부모는 타인이며, 타인은 절대로 내가 될 수 없다. 한집에서 같이 살고 있는 가족도 이해하고 파악하기가 힘든데, 우리는 세상에 존재하는 모든 타인을 어떻게 현명하게 대할 수 있을까?

나를 사랑하기 위해 가장 먼저 해야 될 것은 1장의 주제였던 나라는 존재에 대하여 잘 아는 것과 2장의 주제였던 건강한 믿음을 갖고 3장의 주제인 타인의 존재에 대하여 정확하게 파악하는 것이 나를 사랑하는 과정들이다.

왜 우리는 타인을 생각해야 될까? 한번 생각해 보자. 만약 세상에 나 혼자 산다고 하면, 나의 행동과 말에 어떠한 의미가 있을까? 나의 의미는 타인이 나를 인식하고 있음에 힘을 얻는다. 나를 인식하는 사람이 없다면 나의 말과 행동은 아무 의미 없으며, 내가 성장할 이유가 사라진다. 나를 봐 주고 평가해 주는 사람이 있기에 나의 말과 행동에 의미가 있는 것이다. 뭔가 말이 어렵지만 조금만 생각해 보면 나의 말이 무슨 말인지 알게 될 것이다.

우리는 타인이 인식하는 존재이기 때문에 어떠한 의미를 갖게 된다. 그러니 세상 속에 살아가는 나를 사랑하기 위해서 타인을 정확하게 파악하는 것은 아주 중요한 문제다. 만약 내가 태아 상태로 평생을 산다고 하면, 내가 노력할 필요는 전혀 없다. 그저 어머니에게 영양분을 받기만 하면 될 뿐 우리는 어떤 행위를 하지 않아도 평생을 굶어 죽지 않고 안정감 속에서 살아갈 수 있다. 성경에 나오는 에덴동산처럼 말이다.

하지만 우리는 평생 태아 상태일 수는 없다. 우리는 어머니의 품을 떠나 출산되고, 세상에 나와 숨을 쉬고, 세상을 보고, 들으며, 성장한다. 그러한 과정에서 우리는 맨 처음 부모라는 타인을 만나게 되고 부모에게 보살핌을 받고, 부모에게 가르침을 받으며, 세상과 조금씩 상호작용할 수 있게 된다. 우리가 긍정적인 방향으로 성장하든, 부정적인 방향으로 성장하든 우리는 세상 속에서 살아가며, 타인과 상호작용하며 살아간다. 그때에 나는 부모에게 배우며 어떠한 의미를 부여받게 된다.

그리고 살아가면서 우리는 자유의지라는 것을 갖게 된다. 자유와 자유의지는 다르다. 내가 생각하기에 우리는 완전한 자유를 가질 수 없다. 애초에 내가 자유로운 선택을 하여 출생되지 않았다는 점에서 우리는 태어날 때부터 완전한 자유로부터 박탈되었다.

그 대신 우리는 자라면서 자유의지라는 것을 갖고 살아간다. 우리는 부모의 말을 어길 자유도 있고, 타인을 다치게 할 자유도 있다. 반대로 부모님의 말을 잘 들을 수도 있고, 누군가에게 도움이 되는 행동을 할 수도 있다. 이런 점들을 보면, 자유의지라는 것은 양날의 검과 같다는 생각을 하게 한다.

우리가 출산되는 과정에서 우리의 완전한 자유를 박탈당했다고, 억울해할 필요는 없다. 우리가 자유의지를 어떻게 활용하고, 어떻게 살아가는지에 따라 우리의 출생은 축복일 수도, 저주일 수도 있으니 말이다. 그러한 점에서 자유의지는 양날의 검과 같다는 것이다.

타인을 마주할 때 나는 자유의지를 갖고 있는 상태에서 마주하게 되는데, 이때에 우리는 상대방에게 상처를 줄 수도 있고, 도움을 줄 수도 있다. 그리고 이러한 상황에서 우리에게 자유의지라는 것이 나에게 속삭인다. "선을 선택할 것인가 악을 선택할 것인가?"

이런 과정을 통해 우리는 옳은 선택을 하기도 하고 잘못된 선택을 하기도 한다. 사실 이러한 자유의지는 현재 존재하는 법으로도, 독재정치로도 완전히 막을 수 없다. 어떠한 상황이 내게 처했을 때 내가 어떤 선택을 하는지는 순전히 나의 선택이기에 법을 어겨 감옥에 가든, 압도적인 힘에 굴복되든, 우리의 순간순간마다 어떤 행동을 취할지는 나의 선택에 달렸다.

그렇다고 자유의지에 따라 마음대로 생활하라는 것은 아니다. 창세기에 나오는 아담과 하와의 이야기를 보더라도 아담과 하와는 자유의지에 따라 죄를 지었고 그에 따라 에덴동산에서 쫓겨나 출산과 노동이라는 책임을 지게 된다.

이렇듯 역사적으로 세상은 자유의지를 통해 생기는 무분별한 죄악을 구속할 만한 법을 만들고 거기에 따른 책임을 지도록 세상의 질서를 유지해 왔다. 그리고 일부 지도자들은 무분별한 폭력으로 사람들의 질서를 유지하게 된다. 극악무도한 죄인을 사형시켜서라도 세상은 자유의지를 통제해 왔다.

하지만 세상의 인구수만큼의 자유의지가 있음에 우리는 그 모든 것을 제어할 수 없게 되었을지도 모른다. 시끄러운 세상 속에서 양심의 목소리는 힘을 잃어 갔고, 국민을 위해 존재해야 할 법 또한 국민을 지키지 못하게 됐다.

점차 우리는 옆에 고통으로 신음하고 있는 사람의 손을 잡을 생각조차 하지 않는다. 그들의 목소리는 언젠가부터 들리지 않게 된 것이다. 교회를 다닌다고 자부하는 이들도 냄새나고, 행색이 거지꼴인 사람이 교회에 들어온다면, 그들은 인상을 찌푸리고 코를 막으며, 그 이가 빨리 나가길 하나님에게 기도할 것이다.

내가 어리석어 자신이 똑똑하다고, 생각했던 시절이 있었다. 그때 나는 길거리에 나앉은 거지들의 상황을 보지 않았고, 그들의 이야기를 듣지 않았음에도 그들이 게으른 것이라고 단정 짓고, 그들을 거부했다. 정말 오만한 자신이 원망스럽고, 그들에게 미안해지지 않을 수 없었다. 각자의 사정이 있음에도 난 그런 스토리를 무시한 채 그들을 있는 힘을 다해 거부했다.

나는 그저 부모 집에 무료로 숙식 중인 처지였음에도, 나는 오만했고 경솔했다.

그리고 교회를 다니던 나는 내가 정의롭기까지 하다고 생각했다. 길거리를 돌아다니는 거지들을 도와주는 것은 직접적인 금전적 도움을 주는 것이 아닌 그들의 게으름을 일깨워 주는 것이라고 주장하며, 나의 정의 아닌 정의를 주장했다. 내가 한 말이 틀린 말은 아니지만, 실제로 그들을 도와줄 생각이 있었던 것도 아니었으며, 그들의 상황을 고려하지 않고 그저 그들의 겉모습만을 보고 그들을 판단한 것이다.

이렇듯 나는 나의 자유의지를 마구 휘두르고 다니며, 많은 이들에게 상처를 주었다. 나의 자유의지는 사탄을 형상시키듯 작동했고, 누군가에게 긍정적인 영향을 끼치기에는 많이 어리석었다. 그때 나의 정서는 그렇게 성장하지 못한 상태였다.

세상은 선인보다는 자기가 선인이라 자부하는 이들이 대부분이다. 그런 사람들은 주변인들로부터 아집이 있고, 시야가 좁다는 소리를 종종 들으며, 겸손하지 못하다는 소리를 듣곤 한다. 이것은 다른 이의 얘기가 아닌 바로 내 얘기였다.

내가 자유의지를 갖고 세상을 살아가기 전에 우리는 건강한 정서와 생각을 가져야 한다. 그렇지 않으면 우리의 자유의지는 타인을 다치게 하는 무기가 된다. 타인과 나의 삶을 위해서라도 우리는 나의 자유의지를 길들일 수 있는 능력이 필요하다.

우리가 사나운 강아지를 훈련을 통해 순하게 만들고, 나의 옆에서 건강하고, 행복하게 같이 살 수 있는 방법을 알기 위한 과정처럼 우리는 우리의 자유의지를 다시 세우고, 어느 정도 통제를 통해 표출해야 한다. 그것이 나의 진정한 자유를 얻기 위한 과정이다.

그렇다면 우리는 건강한 자유의지를 얻기 위하여 어떠한 것이 필요할지 한번 생각해 보는 시간을 가져 보는 것은 어떨까? 몇 가지 조건을 제시해 보겠다.

• 분별력

우리는 무엇이 옳고 무엇이 틀린 것인지 잘 알아야 한다. 세상을 살아가다 보면, 우리는 자신의 행동과 말을 주관적으로 잘 관찰하지 못할 때가 있어서 자신의 잘못을 내 스스로 판단하는 것이 아닌 타인의 입을 통해 듣는 경우가 있다. 우리는 자신의 행동을 주관적으로 잘 판단하고, 잘못된 것이 있다면, 최대한 빠르게 고치는 것이 나와 타인을 위해 좋다.

나의 행동과 말이 옳은지, 아닌지를 모르는 상태에서는 나의 자유의지가 안 좋은 쪽으로 작동할 수 있다. 나의 말과 행동이 맞다는 자신이 없다면, 잠시 내가 하려고 했던 말과 행동을 보류하고, 다시 생각해 봐야 한다.

또한 우리는 세상 속에서 많은 사람들과 관계를 맺고 있지만, 그것이 나에게 도움이 되는 관계인지 혹은 나에게 피해가 되는 관계인지 헷갈리는 경우가 많다. 인간관계가 복잡할수록 이런 문제는 심해져만 간다. 분별력을 통해 나를 관찰하고 타인과의 관계를 관찰함으로써 우리는 우리의 삶의 질을 높여야 한다.

우리가 자유의지를 통해 무엇인가를 말하고 행동할 때 자신의 위치가 어디인지를 정확하게 판단할 수 있는 분별력이 필요하다. 타인에게 내가 어떤 행동과 말을 할 것인지, 내가 어떠한 관계 속에서 말과 행동을 할 것인지는 자유지만, 긍정적인 효과를 내기 위해서는 최대한 상황에 맞는 말과 행동을 할 수 있게 자신을 주관적으로 판단할 수 있어야 되고, 내가 어느 위치에 있는지를 판단할 수 있는 분별력이 필요하다.

다같이 즐거워야 할 술자리에서 갑자기 슬픈 얘기를 한다든가, 아니면, 회사 회의에서 주제와 관련 없는 얘기로 회의가 길어지는 경우가 바로 분별력이 없는 사람들이 저지르는 실수의 예다. 지금 나의 위치에서 내가 해야 될 말과 행동이 무엇인지를 분별하지 못하는 것이다.

분별력을 키우기 위해서는 머릿속에서 정보를 정리할 때에 최대한 보편적인 정보를 숙지해야 한다. 내가 옳다고 생각하는 것보다는 타인과 대화를 나누거나 행동을 할 때 타인이 나의 행동과 말에 대한 지적을 하게 되면, 그 지적을 기억을 해 놨다가 자신의 말과 행동 수정해 나가는 것이 필요하다.

타인이 하는 나의 평가는 나의 모습을 보여 준다. 내가 나를 파악하지 못하고, 주관적으로 못 볼 때의 타인의 평가는 나의 잘잘못을 알려 주는 기준이 되어 줄 때가 있다. 하지만 타인 또한 신이 아니고, 완벽하지 않기 때문에 모든 말을 수용해서는 안 된다. 하지만 다수의 사람이 공통적으로 나에게 하는 평가는 높은 확률로 맞을 확률이 있다.

그렇기에 많은 사람들에게 들은 평가일수록 그 평가는 다음에 내가 잘못된 말과 행동을 할 때에 나의 잘못된 행동을 억제하는 역할을 해 준다.

나는 어릴 때 같은 말을 반복하는 습관이 있었다. 난 그 사실을 알지 못했지만, 다른 이들이 나의 행동을 지적해 줘서 내가 갖고 있는 습관을 고칠 수 있었다. 이렇듯 나의 대한 타인의 지적이 나의 습관과 안 좋은 대화 방법을 고쳐 줄 때가 있다. 이러한 정보들이 모이고 모이다 보면, 내가 분별할 수 있는 것들이 점점 많아지게 될 것이다.

• 융통성

    우리는 자기만의 고집이 있다. 남들이 아무리 지적을 하더라도 자신의 문제를 직시하지 않고, 변하지 않는 사람들이 존재한다. 그들은 언제나 핑계 대기 바쁘고, 남 탓하기 바쁘다. 그런 것을 넘어 자신의 생각을 타인에게 강요하기까지 한다.

    자신의 고집을 꺾지 않기 위해 타인에게 욕을 하며 화를 내기도 하는데 그 과정에서 타인의 마음이 다치기도 한다. 화를 내는 것도 욕을 하는 것도 내 자유지만 그 과정에서 타인의 자유가 침해받을 수도 있다.

    물론 자신의 생각이 맞을 수도 있고 옳을 수도 있다. 하지만 그것을 타인에게 강요하는 것은 좋은 방법이 아니다. 나처럼 글을 쓰거나, 문제가 되지 않는 선에서 차분하게 설득하는 것이 건강한 방법이라 생각한다.

    상황에 따라 유연하게 대처해야 할 상황에 자신의 신념을 꺾지 않으면, 자신이 크게 다칠 수도 있다. 그런 경우 필요한 능력을 우리는 융통성이라고 얘기한다. 융통성이 없으면, 타인을 만난다고 해도 좋은 관계를 맺기도 힘들뿐더러 너무 강한 자기만의 생각 때문에 얘기를 하다가도 상대방과의 대화가 잘 안 될 수도 있다. 이해심이 차고 넘치는 사람일지라도 융통성 없는 사람들의 주장을 들어 주는 것은 버거운 일이다.

    또한 상대방을 고려하지 않고 상대방의 생각이 다른 게 아닌 틀린 것이라고 얘기하는 것은 싸울 이유로는 충분하다. 싸우는 과정에서 우리는 서로에게 상처를 준다. 싸움이 끝나고 나면, 상처 입은 사람만 존재한다. 그런 싸움은 나와 타인 둘 다에게 전혀 득이 되지 않는다.

자유의지가 있다 한들 타인에게 상처를 주면 안 된다는 것이 나의 생각이다. 아무리 나의 생각이 맞고, 옳다 하더라도 타인을 변화시킬 권한이 나에게 있는 것은 아니다. 내가 자유를 원하듯 상대방도 자유를 원한다. 변하고 안 변하고는 오직 스스로 선택할 문제지 그것을 우리가 마음대로 바꾸려 해서는 안 된다.

융통성은 타인과의 관계 외에도 어떠한 문제가 생겼을 때도 필요로 한다. 문제를 해결하기 위한 나의 선택은 내 능력과 여유가 생길수록 선택 가능한 경우의 수가 많아진다. 우리가 아는 것이 많아지면 많아질수록, 생각할 시간이 길면 길수록 선택 가능한 경우의 수는 점점 많아진다. "아는 단어를 말해 보세요."라는 질문에 우리는 아는 단어가 많으면 많을수록, 생각할 시간이 길면 길수록 많은 단어를 얘기할 수 있는 것과 같다.

내가 왜 선택 가능한 경우의 수를 얘기하냐면, 선택 가능한 경우의 수가 많으면, 많을수록 우리의 융통성이 성장하기 때문이다. 어떠한 문제를 만나든, 어떠한 타인을 만나든 우리는 항상 어떤 말을 할지 어떤 행동을 할지 선택하게 된다. 여기서 우리는 내가 할 수 있는 말과 행동을 하게 되는데, 자신이 할 수 있는 말과 행동이 많아지면, 우리는 그중에서 가장 적합한 말과 행동을 하면 된다. 융통성이란 모든 일에 유연하게 대처할 수 있는 힘이다.

우리는 나의 신념과 다르지 않으면서도 상황을 안 좋게 만들지 않을 방법을 찾을 필요가 있다. 하지만 그러기란 쉽지만은 않은 일이다. 타인의 기분과 내가 처한 상황을 정확하게 파악하기란 쉬운 일은 아니다. 험악한 분위기에서 갑자기 개그로 분위기를 바꾸려다 상황이 더 안 좋아질 수도 있고, 상대방의 기분을 헤아리지 못하고 행동하여 사이가 멀어지기도 한다. 그렇기에 평소 관찰력을 통해 타인과 내가 처한 상황을 잘 살펴보고 내가 할 수 있는 말과 행동 중에서 가장 적합한 것을 골라 최상의 결과를 낼 수 있게 항상 준비하고 있어야 한다.

융통성이 없는 사람을 보고 우리는 꼰대라 부른다. 이런 소리를 듣지 않기 위해서는 자신의 뜻을 굽힐 줄도 알아야 될 때도 있고, 내가 주도적으로 말하기보다는 상대방의 이야기를 수용할 줄도 알아야 한다. 우리가 어떤 선택을 하던 자유지만, 그 자유가 평화를 위해 작동하려면 우리는 많은 희생과 수고를 해야 한다.

그렇다고 자신의 믿음과 신념을 버리라는 것이 아니다. 그런 믿음과 신념이 건강한 믿음과 신념이라면, 더욱 버리면 안 된다. 내가 하고 싶은 말은 그러한 믿음과 신념이 제대로 작동하기 위해서는 상황을 잘 파악해 자신의 믿음과 신념을 효과적인 방법으로 표현하는 것이 중요하다는 것이다. 같은 표현이라도 어떻게 표현하나에 따라 우리는 꼰대 소리를 듣기도 하고, 훌륭한 리더라는 소리를 듣기도 한다.

• 건강한 정신

　건강한 정신을 가지고 있어야만 우리의 자유의지는 잘 작동할 수 있다. 아무리 자신의 믿음과 신념이 좋아도 정신적인 문제가 있다면, 정상적으로 그것을 드러낼 수 없다. 프린터기에 문제가 생기면 컴퓨터의 이미지를 온전하게 복사할 수 없는 것처럼 말이다.

　정신이 온전치 않은 이들이 어떤 선택을 하는 것에 있어서 우리가, 그러니까 일반적인 사람이 이해할 수 없는 선택을 많이 보여 준다. 내가 정신병동에 입원했을 때 환자들은 각자 다른 이유로 입원하게 된다. 어떤 이는 아버지를 칼로 찔러 들어오기도 하고, 어떤 이는 끓어오르는 분노를 참지 못하고 사람을 때려 들어오게 되기도 하며, 약에 취해 타인에게 피해를 줘 들어오게 되는 경우도 있다. 이렇게 사회에서 하나둘 아픈 사람들이 모여 정신병동 안에 하나의 공동체가 형성된다. 그들은 자신의 자유롭게 행동한 대가로 정신병원에 입원하게 된 것이다.

　이런 현상은 정신병동에서만 일어나는 일은 아니다. 나는 식당 주방에서 일을 많이 했는데, 나보다 한참 나이가 많은 여사장님이 한 분 계셨다. 그분은 내가 자신의 아들 같다며 엉덩이를 툭 치기도 하였고, 조그마한 일에도 격하게 화를 내는 등 비상식적인 모습을 보여 주었다.

　더 놀라운 건 이 모든 일이 하루 만에 이루어졌다는 것이다. 나는 그

후로 바로 일을 그만두고 다른 회사에 입사했다. 내가 하루 만에 일을 그만둔 것을 보고, 끈기가 부족하다고 할 수 있지만, 나의 정신이 온전치 못할 식당에 오래 다니는 것은 나의 정신과 미래를 위해서라도 피해야 한다.

빠른 판단과 행동력만 있다면, 누구나 이러한 상황은 피할 수 있다. 내가 일을 구할 때 돈을 얼마나 주는가보다는 나와 같이 일할 사람이 어떤 사람인가가 더 중요하다. 나와 같은 이유로 회사를 그만둔 사람에게 난 수고했고, 잘했다고 말해 주고 싶다. 나의 건강한 정신과 미래를 위해 결단을 내려야 할 때 주저 없이 결단하길 바란다.

직장뿐만 아니라 우리의 일상 속에서는 이런 일은 자주 일어난다. 난 술을 좋아하는데, 술 마시는 것을 목적으로 모이는 사람들끼리 모임을 가지면, 이상한 일들이 일어나기도 한다. 내 옆에 앉아 있던 남자가 나의 옷 속에 손을 넣어 나의 가슴을 만지기도 했다. 난 남자인데 말이다. 일이 커질까 봐 아무 소리도 안 했지만, 상당히 기분이 나빴다.

어떤 이는 1년에 한 번씩 "잘 지내세요?"라는 카톡을 5년 째 보내는 중이다. 그리고 어떤 이는 자기가 바쁜 사람인 걸 어필하기 위해서인지는 모르겠지만, 걸려 오지도 않은 전화를 받고 혼자 대화하기도 한다. 내 친구 중에서는 허언증이 심한 친구가 있었는데, 그가 말하길 자기는 매번 농구대회에서도 우승을 했고, 시험도 매번 1등이며, 특허 낸 상품으로 돈을 쓸어 담고 있다는 얘기를 매번 했다. 나중에는 자신의 거짓들이 들키고 문제가 커지자 자신이 기억상실증에 걸렸다는 거짓말을 하기도 했다. 이렇듯 일상 속에서도 정신이 온전치 않은 사람들은 차고 넘친다. 그들이 자신의 자유의지를 제대로 통제할 수 없을뿐더러 그들의 선택이 문제로 이어질 가능성이 매우 크다는 것은 우리 모두가 알 것이다.

그렇다고 그들과 편가르기를 하자는 것이 아니다. 그들도 꾸준한 약물 치료와 상담 그리고 건강한 삶을 살다 보면, 세상 속에서 잘 살아 나갈 수 있다. 내가 나의 병을 이겨 내고 세상을 잘 살아 내는 것처럼 말이다. 우리만 하더라도 조금만 피로해져도 정신이 흔들리고, 어떤 선택을 할 때에 실수한 경험은 누구나 있을 것이다. 또한 스트레스를 견디지 못해 술을 마시고, 실수를 저지르기도 한다.

정도에 차이일 뿐 우리도 그들과 같은 사람이다. 그들은 스트레스에 오래 노출되거나, 선천적인 이유로 그렇게 된 것이다. 우리가 그들의 선택을 바로잡아 주고 가르쳐 준다면 그들도 어느 정도 사회생활을 할 수 있다. 조건이 있다면 정신과 치료를 받고 약을 꾸준히 먹는 것이다.

정신이 건강하지 않은 상태에서 우리가 어떠한 선택을 한다면, 그 선택의 결과가 좋지 않을 확률이 높다. 나는 가끔 큰 스트레스를 받거나 잠을 자지 못한 경우 눈앞이 몽롱해질 때가 있는데, 그런 날이면 꼭 일을 하다가도 잘못된 선택으로 인해 사고를 치고는 한다. 이렇듯 나의 자유의지로 자유롭게 선택할 때의 건강한 정신상태는 매우 중요한 문제다. 만약 나의 정신 상태가 좋지 않을 때에 선택을 보류할 수 있다면, 보류하는 것도 나쁘지 않다.

평소에 피로를 잘 관리하고 운동과 취미 활동으로 스트레스를 잘 관리할 필요가 있다. 나의 기분과 정신 상태는 나의 선택에 반영이 되기에 우리는 지금 자신의 기분과 정신 상태가 어떠한지 항상 주의하며, 선택을 할 필요가 있다. 육체적 컨디션은 정신적 컨디션의 많은 영향을 주니 항상 잘 먹고, 잘 자고, 운동도 열심히 하고, 취미 생활도 하면서 건강한 삶을 살 수 있게 노력해야 한다. 그러면 지금보다 훨씬 괜찮은 선택을 하고 그 결과들이 하나하나 쌓여 당신의 인생을 좋은 길로 이끌어 줄 것이다.

• 결단력

　우리는 무엇인가를 선택하고 실행할 때 결단력이 있어야 한다. 하지만 용기가 없어 시도하지 못하는 사람들이 많다. 자신이 건강한 믿음과 신념을 가졌지만, 그것을 실행하지 못하게 되면, 자신의 선택이 틀렸는지 맞았는지에 대한 경험을 못하게 된다.

　자유의지가 제대로 작동하기 위해서는 자신의 선택이 옳았는지 옳지 않았는지에 대한 경험은 매우 중요하다.

　문제가 생겨도 어떤 조치도 취하지 않은 상태에서 다음에 같은 문제가 발생할 경우 우리는 선택지 중에서 최선의 선택을 해야 되지만, 뭐가 옳은 선택인지 아닌지를 모르는 이상 우리는 또다시 선택을 미루게 된다. 선택을 미루면 미룰수록 문제는 해결되지 않을 뿐만 아니라 문제는 더 커지고, 나의 문제해결 능력을 성장시킬 기회가 사라진다. 우리는 어느 정도 타인에게 인정받고, 또 자신의 능력이 생겼다라는 생각이 들 때에 도전해 볼 용기가 필요하다.

　실패할까 봐 도전을 포기하지 말아라. 인간은 신이 아니기에, 완전할 수 없기에 실패할 수밖에 없다. 하지만 실패를 두려워하면 할수록 자신감은 사라지고 문제 앞에 소극적으로 대할 수밖에 없다. 도전을 하고 안 하고는 개인의 자유지만, 그럼에도 해야 될 때는 용기를 내 자신이 해야 되는 것을 해야 한다. 실패한다고 해서 죽는 것이 아니라면, 타인에게 상처만 되지 않는다면, 실행해라. 우리는 한 번의 실패가 전부인 것처럼 행동하지만, 사실은 전부가 아닐뿐더러 실패를 극복해 내면 별거 아닌 것처럼 보이는 경우가 많다.

그러니 두 눈 딱 감고 내 손으로 선택한 나의 길을 걸어 보는 것이다. 그러다 넘어져도 다시 털고 일어나 다른 선택을 해 보는 것이다. 그렇게 시행착오를 겪다 보면 언젠가 문제는 해결되어 있고, 나는 전보다 성숙한 어른이 되어 있을 것이다. 한 번의 실패는 나의 인생에 실패가 아니다. 그저 나의 많고 많은 과정들 속에 작은 문제일 뿐이다.

내가 조금 더 성장했을 때 같은 문제가 내게 생겨도 전보다는 쉽게 해결될 것이다. 그리고 완전 다른 문제라도 나는 성공하는 법을 알고, 실패하더라도 다시 일어나는 법을 아는 이상 내게 찾아오는 문제는 더 이상 문제가 아닌 달콤한 경험이 될 것이다. 지금 어떤 결단을 내렸다면, 자신이 믿는 대로 행하라.

지금까지 건강하게 자유의지를 행사하는 법을 알아봤다. 내가 다루는 내용이 특별하다거나 어려운 것은 아니지만, 실천하는 것이 쉽지 않다. 부모님에게서도 학교에서도 우리는 이러한 내용을 배우지 않는다. 스스로가 도서관에 직접 가서 찾아보는 수밖에는 없기 때문에 우리는 이러한 내용이 낯설고 책에 쓰여진 것처럼 행동하는 거 자체가 새로울 것이다. 조금 더 이런 내용을 쉽게 접할 수 있는 환경이 찾아왔으면 좋겠다. 물론 내가 쓴 모든 것이 다 옳다고는 얘기할 수 없다. 나의 글도 점점 성장해 나갈 것이다.

자유의지로 타인을 대할 때 우리는 앞에 내용과 같은 조건들을 충족시켜야 한다. 내가 문제를 다루는 것에 있어서도 그렇고 타인을 대할 때도 동일하게 우리는 위에 조건을 생각하며, 선택하고 행동해야 한다.

하지만 앞의 조건을 충족했다고 해서 모든 결과가 좋을 수는 없다. 우리는 완전한 존재가 아니다. 모든 것을 계산하고 행동할 수는 없다. 언제나 예상치 못한 문제가 나의 발목을 잡을 때가 있다. 나의 행동으로 인해 상황이 더 안 좋아질 수도 있고, 누군가가 상처받을 수도 있다. 그렇다고 실패가 두려워 아무것도 안 할 수는 없다. 이럴 때 필요한 건 뭘까?

바로 책임감이다. 실패하여 낙담하더라도 인간관계가 틀어졌더라도 책임감을 갖고 최대한 복구할 수 있는 만큼 노력하면 된다.

내가 자유의지를 갖고 무엇인가를 선택할 때에 뒤따라와야 하는 것이 바로 책임감이다. 자신의 선택에 대한 책임을 다하는 사람을 우리는 어른이라 부른다. 자신의 선택이 어떤 결과를 불러오든 그 책임은 자신에게 있다.

남 탓을 하거나 문제를 회피하는 것은 찌질이나 하는 짓이다. 선택하고 행동하는 것보다 훨씬 중요한 것이 자신의 말과 행동에 책임을 지는 것이다. 그저 묵묵히 책임지는 것이 어른이다.

책임을 진다는 것은 참으로 숨이 턱턱 막히는 말이다. 가족을 위해 일하는 아버지와 같고, 출산을 앞둔 어머니와 같은 마음이다. 우리는 어른이 되는 과정에서 책임을 지는 법을 배우게 된다. 당연히 나의 책임감보다 부모님의 책임이 더 클 것이다. 그렇지만 책임을 많이 져 보지 않았던, 사회 초년생이라면 충분히 내가 지고 있는 책임감이 그만큼 무거울 수는 있다. 그렇기에 우리는 책임감에 익숙해져야 한다. 책임 앞에 변명과 남 탓을 하는 이들의 모습은 그 누구보다 추하다.

실수했을 때 핑계를 대거나 남 탓을 하면, 문제가 해결되는 것도 아닌데, 누군가는 꼭 남 탓을 하거나 문제를 회피한다. 주변 사람들은 그런 사람을 비겁하다고 얘기한다. 그냥 사죄하고, 모든 일이 정상적으로 진행될 수 있게 책임을 다하겠다고 말하는 것이 훨씬 멋진데 말이다.

우리는 미움받는 게 무서워서인지 평가받는 게 무서워서인지 잘 모르겠지만, 책임을 지면 내 잘못이란 것을 인정하는 것이 되니 우리는 책임을 회피한다. 내가 말하는 책임이 단순히 법에 따라 처벌을 받는 것을 뜻하지 않는다. 단순하게 나의 일을 묵묵히 하는 것을 얘기하지 않는다. 내가 말하는 책임은 타인을 보고 느끼는 책임이다. 자신의 삶을 책임지는 법은 위에서 많이 배우지 않았나? 그러니 지금은 타인을 책임지는 법을 배울 때다.

타인을 책임진다는 것은 타인에게 죄를 행했을 때 죄를 뉘우치고, 반성하고, 나로 인해 다친 타인에게 사죄하는 것을 말하는 것이다. 그리고 더 나아가 달라진 모습을 보여 주는 것이 진정으로 내 말과 행동에 책임을 지는 것이다. 책임을 다지고, 책임에서 가벼워진 것이 책임의 전부는 아니다. 책임의 진정한 목적은 나의 성장에 있다. 분명 타인을 책임졌을 뿐인데, 어느 순간 난 성장해 있을 것이다. 부모는 자식을 사랑하면서 사랑이란 것이 무엇인지를 배우고, 젊은이들은 세상을 살며, 사회생활을 배우며, 많은 기술을 배운다.

세상에는 내가 선택한 것이 잘못이 아님에도 책임을 지는 사람들이 있다. 세월호 사건 때 한 선생님은 선생님이 되기로 선택했고, 그 선택에 책임을 지기 위해 아이들의 구명조끼를 챙겨 주다가 목숨을 잃기도 했다. 또한 많은 군인들과 경찰들이 책임감을 갖고 목숨을 살리려 노력했다.

지금도 세상에는 자신의 선택의 책임을 지기 위해 최선을 다해 살아가는 사람들이 있다. 그런 사람들과 대조되는 사람들이 존재한다. 자신의 잘못된 선택으로 비극이 일어났음에도 책임을 회피하기만 할 뿐 그들은 그 어떤 책임을 지지 않았다. 형식적인 처벌을 받고, 사과만 할 뿐 그들은 조금의 죄책감을 느끼는 것처럼 보이지 않았다. 그들은 세계적으로 욕을 먹고, 비난을 받았다. 사람들은 책임감 있는 사람을 원하지 찌질하고 비겁한 사람을 원하지 않는다.

간혹 메신저에 이태원 참사에 대한 내용이 뜰 때가 있다. 댓글들이 궁금해 댓글창에 들어가면, 내용들을 차마 눈에 담기 힘들었다. 그들에 이야기는 이렇다. 놀러 가서 압사를 당했는데, 우리가 왜 그 사건을 추모까지 해야 되는지에 대한 글이었다. 자신은 자기 자신이 이성적이고 말을 잘하는 줄 알겠지만, 이성적인 것이 아닌 이기적인 것이다.

이태원 참사가 우리에게 책임이 없다고 생각할 수도 있지만, 누군가는 그들의 죽음에 슬픔을 느끼고 안타까워하며, 책임감을 느낀다. 감정이 결여된 것과 이타심이 없는 것을 이성적인 것으로 속이지 말자.

죽은 사람에게 책임을 물을 수는 없지 않은가? "왜 이태원에 놀러 가셨나요?"라고 그들에게 물을 수 있는가? 어찌저찌 댓글에 죽은 이들의 책임을 논했다고 쳐 보자. 그래서 상황이 나아졌는가? 그 글을 올림으로 인해 문제해결은 못하고, 새로운 싸움이 시작되었다. 자기가 옳다고 주장하는 사람들이 몰려와 싸우기 시작했다. 나에게는 전혀 의미가 없어 보였다. 그 유치한 토론이 문제를 해결해 주지는 않기 때문에 난 그대로 메신저를 껐다.

큰 사건이면 큰 사건일수록 더 많은 잘못된 선택이 얽혀 있기에 누구에게 책임을 묻기도 힘들다. 우리가 판단할 수 있는 것이라고는 사건이 터지고 나서 누가 책임을 지는가다. 정말로 안타까운 것은 책임을 져야 할 사람들이 정작 책임을 회피하고, 무고한 사람들이 더 열심히 사건을 수습하고, 최선을 다해 책임을 지고 있다는 것이다.

세월호라는 배를 타고 놀러 간 단원고 학생들은 사건 이후에도 정신적으로 많이 힘들어했다. 이태원 참사 때도 마찬가지다. 친구의 죽음이 나의 책임이라는 생각에 그들의 슬픈 마음은 한동안, 아니 어쩌면 앞으로도 계속될 것이다. 아직 그 책임에서 못 벗어난 사람이 있다면, 힘내라고 전해 주고 싶다. 그리고 항상 뒤에서 나를 포함한 누군가가 당신을 위해 기도하고 있다고 전해 주고 싶다.

이렇듯 자유의지로 선택한 나의 말과 행동이 작게는 나의 지인들과 내가 다니는 직장에 피해를 줄 수 있고, 크게는 불특정 다수의 사람을 죽음으로 몰아넣는 참사로 이어질 수도 있다. 그래서 항상 선택 앞에서는 겸손하고 현명하게 행동해야 하고, 나의 말과 행동에 책임을 질 수 있어야 한다.

우리는 쾌락 앞에서도 책임을 져야 될 때가 온다. 큰 쾌락일수록 내가 져야 하는 책임은 커진다. 술을 마실 때도 우리는 취한 후에 일어나는 음주에 대한 사건에 책임을 져야 되고, 이성과의 관계에서 임신하게 됐을 때에도 생명에 대한 책임을 져야 한다. 마약, 담배 등등 쾌락을 위해 즐기는 모든 것들은 책임감을 가지고 사용해야 된다고 생각한다. 내가 긴장이 풀리고 판단력이 흐려지고 기분이 한없이 좋아질 때 우리는 어떤 실수를 하게 될지 모르기에 항상 주의하며, 적당하게 쾌락을 즐기는 것이 중요하다.

나는 이번 장에서 자유의지와 책임감에 대해서 다뤘는데, 두 주제 모두 타인과의 상호작용 속에서 작동하는 것들이다. 내가 나를 사랑할 수 있는 내용을 다룬 책에 타인에 대한 내용이 나와 어리둥절할 수도 있는데, 타인과 나의 관계가 나를 형성하기에 타인을 빼 두고, 자신을 사랑하는 법을 논할 수 없다.

살아가며, 우리는 많은 사람을 만나게 된다. 그 과정에서 타인에 의해 나라는 사람이 형성되고, 나라는 사람은 또 다른 타인을 형성한다. 내가 지금의 나로 존재하게끔 한 사람들이 나를 형성한 사람들이다. 그렇기에 타인에 대한 생각을 할 수밖에 없는 것이다. 나를 형성할 때에 건강한 자신을 형성하려면, 타인과의 건강한 교류가 반드시 필요로 한다.

유치원 때만 하더라도 우리는 친구를 사랑하라 배우지만, 점점 나이가 들어감에 따라 사랑을 주제로 한 교육은 사라져 버렸다. 그리고 타인을 왜 사랑해야 하는지에 대한 의문조차 들지 않게 되어 버린 게 아닐까? 이런 의문이 들며 걱정이 앞선다. 나는 사람들에게 묻고 싶다 왜 타인을 사랑해야 하는지 말이다. 누가 만약 그런 질문을 나에게 한다면, 난 나를 위해 타인을 사랑할 것이라 답할 것이다.

내가 처음 유치원을 다니려고 유치원에 할머니랑 방문을 했는데, 이상한 사람이 갑자기 나와 할머니를 떼어 놓으려 했다. 나는 뭐가 그리 무서웠는지 분리 불안 있는 강아지마냥 엉엉 울면서 할머니 옷자락을 놓아주지 않으려 했다.

그 당시만 하더라도 보통 아이들보다 덩치가 커 여성이었던 유치원 선생님과 할머니가 나를 떼어 놓기 위해 어지간히 힘들어했던 기억이 있다. 겨우 진정이 되고 할머니는 차분히 나를 설득했다. 그리고 난 설득을 당했고 유치원 선생님 손에 이끌려 유치원 안에 들어가게 되었다.

거기서 난 많은 외계인을 만나게 됐는데, 점차 적응되자. 나를 포함해서 다들 영문도 모를 말을 하며 뭐가 그렇게 즐거운 건지 하루 종일 깔깔거리며 웃기 바빴다. 그냥 이유 없이 즐거웠던 시간이었다. 나와 다른 사람들과 상호작용한다는 즐거움을 알았던 것인지 아이들과 노는 게 너무 즐거웠다.

그렇게 시간이 지나면서 하나 알게 된 사실은 그들은 나와 다른 외계인이 아닌 나와 같은 사람이라는 것이다. 그들도 나처럼 웃고, 울고, 화내는 사람이었던 것이다. 처음에는 무서운 정글처럼 느껴졌던 유치원은 나의 놀이동산이 됐고, 처음에 공포는 사라지고, 즐거움이 가득 찬 하루하루를 보냈다.

하나 아쉬웠던 순간이 있다면, 부모님 사업 때문에 이사를 가게 됐고, 그로 인해 유치원을 떠나게 됐다는 점이다. 나는 유치원에서 처음으로 부모님 외에 다른 사람들과 교류를 했다. 우리는 각자 다른 삶 속에서 살다가 유치원이란 곳에 모여 하나의 공동체를 형성했다.

타인을 이해하기 위해서는 먼저 다름을 이해해야 한다. 창세기를 한번 다시 들여다보자. 신은 인간을 창조하기를 자신의 형상대로 창조했다고 하지만, 본질이 똑같지는 않았을 것이다. 그리고 내가 생각하기로 신과 인간의 관계는 동일 인물이 아닌 타인이다. 신은 아마 자유의지를 가진 아담과 하와에게 타인인 자신을 존중해 주기를 원했을지도 모른다.

하지만 아담과 하와는 선악과를 먹으면 신과 같이 된다는 뱀에 말에 속아 선악과를 먹게 된다. 그것은 신, 즉 타인의 다름을 존중해 주지 못해 일어난 일이다. 아담과 하와는 신과 자신들의 다름을 부정하고 싶었다.

그래서 선악과를 먹었고, 그 결과 그들은 노동과 출산의 고통을 감내하는 것은 물론이고 에덴동산에서 쫓겨나게 된다. 아마 신은 타인을 존중하는 법과 그러지 못했을 때에 책임지는 법을 알려 주고 싶었을지도 모른다. 신은 존중받기를 원한 것이 아닌 존중하는 법을 알려 주고 싶었다는 말이 맞을 것이다.

다름을 인정하는 것은 가족 사이에서도 어려운 일이다. 나의 딸, 나의 아들, 나의 부모님 이렇듯 우리는 가족을 부를 때 소유격인 '나의'라는 말을 붙여 부른다. 타인은 내가 소유할 수 없을뿐더러 내가 존중해야 할 대상이다. 그리고 충분히 자유를 보장해 줘야 한다. 그렇지만, 같이 더불어 사는 사람끼리 안 맞는 게 있다고 무조건 참는 것은 좋지 않다. 서로의 다름을 알고, 충분한 대화로 맞춰 가는 것이 바람직하다.

나와 같은 사람은 세상에 존재하지 않는다. 나와 다른 사람들만 존재한다. 그렇다고 그 관계가 다른 이를 완전한 타인이라는 근거가 되지는 않는다. 우리는 분명 다른 사람이지만, 공통점이 있다면, 행복하고 기쁘게 살아가고 싶다는 욕망이 있다는 것이다.

앞에서 말했지만, 우리를 인식하는 존재 즉 타인이 없으면 우리의 말과 행동은 의미를 가질 수 없다. 우리의 존재 자체가 무의미해진다. 그렇기에 우리는 타인이란 존재가 있음으로 인하여, 세상 속에서 인식되고, 그 인식을 통해 나의 존재를 증명받는다. 내가 나로 존재할 수 있게 하는 조건 중에 하나가 바로 타인이다.

누군가에게 타인이란 존재는 의지가 되기도 하며, 또 어떤 이에게는 타인이 두려운 존재가 되기도 한다. 타인과의 관계가 상실될 때에 난 슬픔을 느낀다. 뭐 나뿐만 아니라 많은 이들이 친구, 가족들과 헤어질 때 슬픔을 느낀다. 나의 존재를 형성하고 있던 타인의 부재는 살을 도려내듯 나의 일부였던 것이 사라지듯 나에게 고통을 준다.

나는 타인을 형성하고 타인은 나를 형성한다. 그렇기에 타인의 부재는 나의 아픔이 되는 것이다. 나의 말에 공감할 수 없다 하더라도 긍정적인 인간관계가 건강한 삶에 도움이 된다는 것에는 많은 이들이 공감할 것이다.

우리는 왜 타인의 감정에 공감할 수 있는 것인가? 슬픔이 전염되는 것인데, 왜 우리에게는 공감 능력이란 것이 존재하는 것일까? 아픈 건 상대방인데 왜 나도 그를 따라 눈물을 흘리는 것일까? 난 이 질문에 아무 답도 할 수 없었다.

공감 능력이란 것은 문제해결에 전혀 도움이 안 될뿐더러 슬픔을 전염시켜 더 큰 슬픔을 만들기 때문이다. 하지만 나는 나를 사랑하기 위해 공부하면서 그 답을 찾을 수 있었다. 타인을 사랑하는 것은 곧 나를 사랑하는 것과 같다. 공감 능력은 이러한 나의 생각을 지지해 주는 증거가 된다.

나는 단언하는데, 타인을 사랑할 줄 모르는 사람은 자기 자신을 사랑하는 법을 절대 모를 것이다. 타인을 비난하는 것은 나를 비난하는 것과 같다. 타인을 증오하는 것은 자신을 증오하는 것과 같다. 타인을 슬프게 하는 자는 자신이 슬픈 것이 분명하다. 타인을 분노케 하는 자는 자신에게 화난 것이다. 돈과 명예로 자신의 나약함을 숨기고 큰소리로 거짓 카리스마를 뽐내는 자들은 타인을 사랑하는 법 따위 모르며 더 나아가 자기 자신을 사랑하는 법을 알 리가 없다.

내가 지금까지 많은 타인을 만나며, 일부의 기억은 지워졌겠지만, 그래도 많은 이들이 지금의 나를 형성하고 있다. 그렇기에 나는 안다. 앞으로 언제 만날지 모를 사람들은 나를 형성할 것이라는 것을 말이다. 그렇기에 우리는 본능적으로 타인의 슬픔에 눈물을 흘리는 것이다. 저 사람은 언제 나를 형성하게 할지 모르는 사람이란 것을 본능적으로 느끼는 것이다.

슬픈 이들의 마음을 헤아릴 수 있는 사람은 자신의 슬픔을 헤아릴 수 있는 사람이다. 슬픈 사람을 웃게 하는 사람은 슬픈 상황 속에서도 웃을 수 있는 사람이다. 그리고 타인을 사랑할 수 있는 사람은 자신을 사랑할 줄 아는 사람이다.

우리에게 이타성은 선택이 아니라 필수라고 얘기하고 싶다 적어도 자신이 성장하고 싶고, 나 자신을 사랑하는 법을 알고 싶다면 말이다.

우리는 많은 사람을 만나는 와중에도 자신의 안위만을 걱정할 뿐 타인의 생활은 잘 들여다보지 않는 경우가 많다. 하지만 그들의 문제를 들여다보면 어느새 나도 이런 일을 겪은 적이 있었던 것 같은 느낌이 들 것이다.

타인의 고통을 함께 겪고 함께 이겨 냈다면 나의 고통도 타인의 고통을 같이 이겨 줬던 것처럼 이길 수 있다. 타인의 슬픔을 함께 슬퍼해 줬다면, 나의 슬픔도 현명하게 대처할 수 있다. 타인은 나의 경험이 되어 준다.

또한 모든 타인은 나에게 가능성이 되어 준다. 내가 앞으로 누구를 만나 무엇을 하게 될지 나는 아는가? 그건 용한 점술가가 와도 못 맞출 것이다. 타인은 나에게 새로운 길을 제시하기도 하고, 같이 일하는 동료가 될 수도 있고, 내가 힘들 때 옆에 있어 줄 친구가 될 수 있다.

그것이 타인이 내게 주는 가능성이다. 그 가능성은 누구를 지칭하는 것이 아닌 전 세계에 살아 있는 사람을 대상으로 한다. 앞으로 만나게 될 사람이 누군지 모르겠지만, 모든 사람에게는 조금이나마 나를 만날 가능성이 있고, 나를 만나 좋은 인연이 될 가능성도 있다.

내가 철학에 관심이 생겨 공부를 하다가 나랑 전혀 상관도 없는 개척교회 목사님을 만나 함께 철학을 공부하게 될 것이라고 누가 상상이나 했을까? 내가 정신이 아파 입원을 하게 되고, 그곳에서 아리따운 여인을 만나 연애를 했을 거라고 누가 상상이나 했을까? 이렇듯 모든 사람에게는 가능성이 열려 있다. 바로 나와 인연이 될 가능성이 말이다.

그러한 가능성이 열려 있기에 우리는 이타적인 마음을 갖고 살아가야 한다. 그 대상은 정해진 것이 아니다. 전 인류를 대상으로 우리는 이타적인 마음을 가지고 있어야 한다. 그것은 타인과 나 모두를 위한 것이다.

누군가를 만난다는 것은 참 신비로운 일이다. 완전히 다른 환경에서 살다가 무한한 우연을 뚫고, 만나게 된다는 것이 신비롭지 않을 수 없다. 그리고 우리는 서로가 서로에 친구가 되어 주고, 선생님이 되어 준다. 나는 그래서 사람이 좋다. 항상 새로운 것을 보여 준다.

때로는 신과 같은 자비를 베푸는 자를 보기도 하고, 진심으로 나를 아껴 주는 사람을 보기도 한다. 그들에게는 각자 만의 색깔이 있고, 특징이 있고 배울 점이 있다. 그들은 나의 호기심을 자극하기 충분하다.

하지만 내가 용서할 수 없는 타인이 있다. 바로 다른 이를 자신의 이익이나, 편의를 위해 괴롭히고, 아프게 하고 눈물 짓게 하고, 심하게는 죽이기까지 하는 사람들이다. 그들은 타인의 소중함을 잘 모른다.

개인마다 아름다운 색깔이 있음에도, 배울 게 있음에도 그들은 사람의 내적인 것을 보는 것이 아닌 외적인 것으로 판단한다. 내가 가장 고통스러워하는 순간이 사람들의 우는 모습과 고통스러워하는 모습을 보는 것이다. 나는 타인으로 형성됐고 나는 누군가를 구성하고 있다. 그렇기에 그들의 고통은 곧 나의 고통을 의미한다. 그들이 고통스럽게 하는 것은 타인임과 동시에 나를 고통스럽게 하는 것이다.

그리고 나를 더 고통스럽게 하는 것은 세상 사람들 대부분이 타인의 고통에 무감각하다는 것이다. 그렇다고 영웅처럼 착한 마음과 정의로움을 가지라는 것은 아니다. 우리는 타인을 돕는 사람을 영웅시하지만, 그것은 영웅이 아니다. 우리 중에서도 누구든지 그렇게 살 수 있다. 그저 영웅이라는 프레임을 씌우고 그들은 그들의 일을 하는 것이고, 나는 나의 일을 할 뿐이라고 생각한다.

우리는 스스로 영웅이 되려 하지 않는다. 그 누구도 희생하려 하지 않기에 영웅들은 지치고 기력이 다해 사람들에게 환멸감을 느끼기도 할 것이다. 경찰들과 소방관들은 욕을 먹으면서도 꿋꿋이 우리의 영웅이 되어주지만, 한 가지 알아야 될 것은 그들도 인간이라는 것이다.

우리가 그들을 도와 함께해 주지 않으면, 정말로 정의로운 사람들은 떠나고, 월급루팡만이 그 자리를 채울 뿐이다. 세상에 영웅이 존재하는 이유는 정의롭게 사는 사람이 많지 않기 때문이다. 그래서 영웅은 특별한 존재가 되는 것이다. 하지만 난 누구든 영웅이 될 수 있다고 생각한다. 착하고 정의로운 게 당연한 세상이 왔으면 좋겠다.

성경 속 소돔과 고모라 이야기를 아는가? 하나님이 소돔과 고모라에 선한 자가 없고 악한 자만이 있다며, 유황과 불로 소돔과 고모라를 파괴시켰다. 처음에 나는 성경을 읽으며, 의문이 들었다. 정말 그 많고 많은 사람 중에 선한 이가 한 명도 없었는가? 나에게 잘해 주는 착한 사람은 무진장 많았다. 그렇기에 나는 성경에 나오는 소돔과 고모라 이야기가 완전히 마음에 와닿지 않았다.

그러던 어느 날 난 나와 친한 친구와 길을 걷다가 '우리는 왜 정의롭게 살아야 되는가?'라는 주제로 이야기한 적이 있었다. 그의 논리는 개인이 바뀐다고 해서 세상이 바뀌지 않는다는 말이었다. 그렇기에 우리가 정의롭게 산다고 세상이 변하지 않는다는 것이었다. 나는 신기했다. 난 당연히 사람은 정의롭게 살아야 되는 줄 알았다.

그런 친구의 주장에 난 너처럼 생각하는 사람들이 모여 세상을 이루기에 세상은 변하지 않는다고 답했다. 그리고 그 친구는 교회 친구였다. 그때부터 난 교회를 다니는 사람들에게 의문이 들기 시작했다. 과연 교회 안에 얼마나 많은 선인이 있고 악인이 있는지 말이다. 그리고 세상에는 과연 선인이라 불릴 만한 인물이 있는지 말이다.

자기가 선인이라 생각하는 사람이 있다면, 아마 높은 확률로 아닐 가능성이 높다. 하지만 그들에게 잘못됐다고 얘기하는 것은 아니다. 그저 그들은 모를 뿐이다. 아니 알면서도 모르는 척할 뿐이다. 어딘가에서 고통스러워하고 있을 타인을 말이다.

내가 죽도록 안타까운 사실은 배고픔과 추위 그리고 전쟁 속에서 죽어가는 이들과 이야기할 가능성이 아예 사라진다는 것이다. 그들에게도 배울 것이 있고, 친구가 될 가능성이 있음에도, 누군가에 의해 그 가능성이 사라진다는 것이 마음 아프다.

나는 옛날부터 궁금했던 게 참 많았던 아이였다. '세상에는 부자들이 가진 것이 많은 만큼 가난한 사람이 너무 많은데, 왜 부자들은 나누려 하지 않는가?'라는 의문을 가졌던 적이 있었다. 그런 의문은 초등학교를 다니고 있던 내게 너무나 어려운 주제였다. 무엇이 두려워 그들은 자신의 재산을 꼭 쥐고 있는 것일까? 이미 충분하지 않은가? 의식주를 다 해결하고도 남을 돈이 그들에게는 넘쳐흐른다. 그럼에도 그들은 유난히 가난한 자들에게 베풀지 않는다.

천만 원을 가지고도 만족하는 자와 10억을 가지고도 만족하지 못하는 자가 있다고 쳐 보자. 10억을 가진 자가 천만 원을 가진 자에게 자신의 돈을 자랑하며 부럽냐고 물어봤다. 그러자 1000만 원을 가진 자가 되묻는다. "그래서 행복하세요? 만족하세요? 전 행복하고 만족하며 살고 있어요."라며 반문한다. 1000만 원을 가지고도 만족할 수 있었던, 비결이 뭐였을까? 만약 1000만 원을 빼앗겼더라면, 그 사람은 불행해질까? 내 대답은 부정이다. 아마 그 사람은 1000만 원이 없다고 해도 행복할 수 있는 능력이 있는 사람이다. 의식주가 해결되고, 주변에 소중한 사람들과 즐겁게 생활할 수만 있다면 그 사람은 어떤 환경에서도 행복할 수 있는 사람이다.

나는 가진 것이 많음에도 행복할 수 없는 이들을 가성비가 안 좋은 사람이라고 부른다. 그들의 마음은 블랙홀과도 같아서 아무리 무엇인가를 집어넣어도 채워지지 않는 사람들이다. 얼마나 불쌍한가? 그들이 돈을 얼마를 쏟아붓든 그들의 마음은 채워질 수 없다. 그들은 자신의 마음을 채우기 위해 주변 사람들을 착취하기 시작한다. 가까이에 있는 가족부터, 차근차근 주변 친구들, 부하 직원까지 그들의 블랙홀에 빨려 들어간다.

마치 연비가 안 좋은 자동차와 같다. 아무리 비싸고 좋은 기름을 넣더라도 금방 고갈되는 자동차와 같다. 그들이 필요한 것은 돈 따위가 아니다. 그 어떤 물질들도 아니다. 그들에게 없는 것은 건강한 신념과 믿음이며, 그로 인해 생기는 건강하지 않은 인간관계는 고독함과 외로움을 불러일으킨다.

그 고독함과 외로움을 어떻게 채울지 모르는 사람은 세상이 알려 준 방식대로 돈과 명예로 채우려 시도하지만, 블랙홀과 같은 마음은 채워지질 않고, 점점 인간관계가 나빠지고, 고독함과 외로움이 심해질 뿐 자신의 상황이 나아지지를 않는다. 그리고 상태가 심해지면 심해질수록 내적인 마음보다는 외적인 것들에 더욱 집착하게 되고 자신의 주변을 파괴하는 괴물이 되고 만다.

부자가 아닌 일반인이라고 해서 상황이 다른 것은 아니다. 우리는 이미 세상이 잘못됐음을 인지하고 있다. 하지만 우리는 그저 정치인들을 욕하거나 신을 탓할 뿐 우리가 잘못을 바로잡으려 하지 않는다. 나는 나의 일을 할 뿐 힘들고 돈도 안 되는 정의로운 일은 다른 이에게 넘겨 버린다. 더 심각한 것은 정의롭게 살려고 해도 정의를 위해 사는 이들은 언제나 비난의 대상이 된다는 것이다. 좋은 일을 하다가 목숨을 잃은 영웅들은 바뀌지도 않을 세상에 목숨을 바친 미련한 사람들이 되었다.

과거 대한독립군들이 그랬던 것처럼 말이다. 당시에도 그들은 현실과 타협한 자들에게 미련한 사람이란 취급을 받았다. 아마 우리나라가 해방되지 않았다면, 현재 그들의 평가는 내가 말한 것과 다르지 않을 것이다. 눈에 보이는 것은 발전했을지 몰라도 사람들의 속은 점점 빈약해지고 있다.

돈도 사람을 위해 만들어졌고, 총도 사람을 위해 만들어졌는데, 어느 순간 우리는 돈의 노예가 됐고, 누군가는 총에 의해 죽임을 당한다. 자신을 포함한 모든 이를 위해 만들어진 것들이 어느 순간 나의 숨통을 조여 온다. 나의 마음을 채울 수 있는 것은 물질적인 것이 결코 아니다. 그것들이 나의 생활을 보장해 주지만 그 이상의 것을 충족시켜 주지는 않는다. 필요 이상의 돈은 자신의 나약함을 가리기 위한 도구일 뿐이다. 게으르고 멍청한 자는 총을 들고, 똑똑하고 부지런한 자는 펜을 든다.

우리는 사람들의 표정을 보고 소통한다. 사람의 표정은 나에게 많은 이야기를 해 준다. 웃는 표정, 화난 표정, 슬픈 표정 등등 우리는 어느 정도 사람의 표정을 읽을 수 있다. 하지만 어느 순간에는 그 표정의 의미가 점점 없어지고 있다는 생각이 들 때가 있다. 집에서는 그냥 울지 않고, 화내지 않고 부모님 말만 잘 들으면 되는 자녀로 크면 되고, 회사에서는 감정 없는 로봇처럼 일하면 된다. 우리는 상대방의 말보다도 표정에서 더 많은 감정을 느끼는데, 어느 순간 사람들은 표정을 보고도 아무 감정이 들지 않는 것처럼 행동한다.

어렸을 때 타인의 슬픈 표정을 보면 마음이 슬퍼지는 경험을 많이 했다. 그럴 때마다 도와줘야겠다는 생각을 했었는데, 어느 순간 나의 마음이 식어 더 이상 누군가의 슬픔을 보고 슬퍼하지 않았다. 그저 지켜만 볼 뿐 그 어떤 도움도 주지 않았다. 그리고 타인의 아픔을 공감해 줄 수 없는 나는 더 이상 행복하지 않았다.

내가 좋아하는 게임을 해도, 노래를 불러도, 글을 써도 행복하지 않았다. 나는 그저 살아만 있을 뿐, 마음은 죽음에 가까워져 있었다. 아이였을 때는 그렇게 정도 많고 착했는데, 세상 사는 게 뭐가 그리 힘들었는지 더이상 타인을 공감해 줄 마음이 남아 있지 않았다.

그러던 어느 날에 나에게 철학을 가르쳐 줄 사람을 만났고, 철학을 배우며 살았다. 그분이 나의 문제를 알았는지 몰랐는지는 모르겠지만, 그분은 내가 살아왔던 과거를 부정하기도 하고, 쓴소리도 해 주셨고, 나의 빈 곳을 철학으로 채워 주셨다. 철학이라는 주제는 사람의 사고를 담은 책이다. 또한 인간은 어떻게 살아야 하는가에 대한 내용을 담고 있다. 그럼에도 난 내가 어떻게 살아가야 하는지 알 수 없었다. 나의 철학 스승님을 만나 나의 마음이 정돈된 건 사실이지만 나의 근본적인 외로움과 고독은 사라지지 않았다.

　무엇이 문제였을까? 하루 종일 고민해도 나의 궁금증은 심해져만 갔다. 그렇게 나의 문제를 꽁꽁 숨기고 살아가다가 나의 두 번째 스승님을 만나게 됐다. 그분은 철학자는 아니지만 책임감으로 똘똘 뭉친 두 아이의 아버지였다. 나보다 한참 나이가 많지만, 나는 형이라는 호칭이 편해 그렇게 부른다. 그 당시만 하더라도 나의 인간관계는 엉망이었다. 어머니와는 1년 가까이 말도 안 하는 상태였고, 할머니와도 인연을 끊다시피 했다. 가족들과의 관계가 이런데, 친구들과의 관계가 좋을 리 없었다. 모든 게 원망스러웠다. 모든 것이 미웠다.

　그렇게 그냥 식당에서 일을 하며 살다가 만나게 된 형이었는데, 그 형이 나보고 술을 먹자는 게 아닌가? 그러고는 소주를 물처럼 마시더니 갑자기 취해서 하는 소리가 자신의 할머니 얘기였다. 그분의 할머니는 맨날 소고깃국을 끓여 주셨는데, 그 위에 벌레가 가득 앉아 먹기 싫다며, 항상 할머니가 차려 주신 밥상을 거절했다고 말했다.

　그리고 어느 날 할머니가 돌아가시자 듣게 된 얘기로는 할머니가 매해 처음 난 포도를 자신에게 주셨다는 얘기를 듣고 할머니께 받았던 사랑이 얼마나 과분한지 뒤늦게 깨달아 평생 한이었다고 나에게 얘기해 주었다. 매해 처음 난 포도가 어떤 의미인지는 잘 모르겠지만, 할머니의 손주 사랑을 느끼기에는 충분하지 않은가? 형은 할머니가 끓여 주신 소고깃국이 먹고 싶다며 눈시울을 붉혔다.

　그리고 나와 술을 마시고 취할 때마다 똑같은 얘기를 나에게 해 주었다. 나는 그 얘기가 전혀 지겹지 않았다. 형이 얼마나 마음이 따뜻한지를 알게 해 준 얘기였기에 나는 아무 말도 없이 그 얘기를 듣고 있었다. 그리고 어느 날 내가 어머니와 싸웠다는 소리를 듣자 나에게 누가 잘못했는지를 떠나서 먼저 사과하라고 얘기했다. 그 얘기가 처음에는 그냥 흘려들을 얘기로 들렸지만, 집요하게 형에게 세뇌를 당했는지 아니면, 술에 취해서인지는 모르겠지만, 난 그 자리에서 어머니에게 미안하고, 사랑한다고 보냈다. 그리고 어머니는 나에게 사과해 줘서 고맙다고 얘기해 주었다.

그리고 한번 마음을 열고 사과하니 다음은 어렵지 않았다. 할머니에게도 사과하고 그동안 걱정 끼쳤던 가족들에게도 사과했다. 그리고 내 삶은 조금씩 변해 갔다. 그 순간에 가장 눈에 띈 변화는 주변 사람들의 표정이었다. 내 주변 사람들의 표정은 조금씩 밝아졌다. 그리고 조금씩 난 사람들에게로 나아갔고 나를 보는 그들의 표정은 웃고 있었다. 나는 그때 행복을 느꼈다. 타인과 교류하며, 타인의 웃음을 볼 때 나는 나의 마음이 채워지는 것을 느꼈다.

그 형이랑 술을 마시며 예전에 다니던 교회를 계속 다녀 보라는 권유를 받고 교회를 갔다. 예전에는 의심과 불신으로 가득 찬 시선으로 사람들을 봤었지만, 지금은 뭔가 좀 달라 보인다고 해야 하나 사람들이 각자의 색깔을 갖고 있음을 느끼게 되었다. 사람을 대하는 것이 무서웠던 내가 이제는 사람이 너무 좋아 먼저 다가가 말을 건다.

예전에는 세상의 모든 것이 회색으로 보였다. 나 혼자만으로도 충분히 살아갈 수 있다고 믿었다. 하지만 나의 믿음은 한 명의 사람으로 인해 부정당했다. 그 사람의 주사가 나를 변화시켰다. 항상 취하면 가족 얘기만 하던 그 사람이 날 변화시켰다. 가족의 소중함을 알려 줬고, 타인의 소중함을 알려 주었다. 모두가 들어 주지 않았던, 그 주사를 난 들어 주었고, 그 주사는 곧 나의 배움이 되었다. 어떤 것으로도 채울 수 없던 나의 마음은 타인으로 인해 채워지고 있다.

타인의 표정을 주의하여 지켜보자. 타인의 표정은 나의 마음을 비추는 거울이다. 내 주위 사람들의 표정이 슬픔과 공포로 가득 찼는지 아니면, 기쁨과 행복으로 가득 찼는지 보라. 타인의 표정은 곧 나의 마음과 같다.

나는 말도 잘 못하고, 감정을 표현하는 방식도 어설펐다. 이사를 많이 다니면서 전학을 많이 다녔는데, 너무 빠른 환경 변화 탓에 오래된 친구도 없었고, 어느 순간 아이들과 어울리는 법을 잊어 먹은 채 당연하다는 듯 왕따를 당하게 되었다. 당시에는 너무 억울하고 분했지만, 지금 생각해 보면 내가 너무 어리숙했고, 잦은 전학을 다녔기에 어쩔 수 없다고 생각한다. 지금은 남 탓을 해 봤자 달라질 것이 없다는 것을 알기에 그저 나의 삶을 집중하고 있다.

내가 왕따를 당하면서 하나 얻은 능력이 있다면, 나를 혐오하고, 싫어하고, 조롱하는 표정을 잘 안다는 것이다, 많은 아이들의 표정을 보니 자연스레 사람들의 표정을 읽을 수 있게 됐다. 그와 더불어 눈치를 많이 보게 되자. 항상 난 주위를 살폈고 누구보다 관찰력이 좋아졌다. 한 가지 더 자랑하자면, 남들이 항상 나를 욕할까 봐 두려웠던 나는 귀를 쫑긋 세워 남들이 하는 말을 들으려 했다. 아주 작은 속삭임도 들으려 노력하다 보니 이제는 멀리서 얘기하는 것도 들을 수 있게 됐다. 항상 가족들은 방에 있던 내가 거실에서 무슨 얘기를 하는지 알고 있는 나를 신기하게 생각했다.

내가 한참 심리적으로 안 좋을 때 남을 함부로 판단하고, 비난하는 사람들이 지겨워졌던 나는 다니던 교회와 학교를 그만뒀다. 혼자 지내는 시간이 많아지게 되자 외로웠던 나는 밤 산책을 하며 혼자 대화를 시작했다. 상대는 정해지지 않았다. 그저 어떤 상황이 주어진다면, 나는 어떻게 말할 것인가에 대하여 생각하는 시간을 가졌다. 그렇게 나는 타인과 대화하는 방법을 타인 없이 터득하기 시작했다. 말이 안 된다고 생각할 수 있겠지만, 직접 해 보면 안다. 이것이 얼마나 자신에게 도움이 되는지 말이다.

나는 살면서 터득한 능력들을 현재 회사 안에서, 교회 안에서, 배드민턴 모임 안에서 굉장히 잘 활용하고 있다. 잠시 내가 어떻게 타인과 긍정적인 소통을 하는지 알아보자.

나는 일단 타인이 싫어하는 행동과 좋아하는 것이 무엇인지를 파악한 후 얘기를 시작한다. 상대방을 파악하기 위해 해야 될 일은 내가 행동하는 것에 따라 변하는 타인의 표정 변화다. 처음에는 쉽지 않겠지만, 익숙해지면 누구보다 빠르게 상대방의 기분을 파악할 수 있다.

그리고 표정을 파악하지 않아도 더 쉽게 상대방의 관심사가 뭔지 파악할 수 있는 방법이 뭐냐면 내가 사람을 만나는 곳에 목적을 파악하는 것이다. 이게 무슨 얘기냐면, 나는 성가대를 다니고 있음에 같이 성가대를 하고 있는 사람들의 관심사가 찬양이구나라는 것을 알 수 있고, 배드민턴 모임에 나가면, 같은 모임에 다니는 사람들의 관심사는 배드민턴이구나라는 것을 알 수 있다. 그 사람들과 어울리기 위해서는 내가 사람을 만나는 곳에 목적이 무엇인지를 파악하고, 그 목적을 최선을 다해 임하면, 사람들은 나를 좋게 볼 것이다.

그리고 시간이 지나면 당연하게 사람들과 얘기할 기회가 생기는데, 처음에는 너무 많은 말을 하지 말고 표정을 살피며 가만히 듣다가 호응 정도만 해 주면 된다. 그리고 상대방의 말을 주의 깊게 듣고 있다가 어떤 말을 할지 정해졌다면, 입 밖으로 꺼내면 된다. 주의할 점은 항상 상대방의 표정을 관찰하는 것이다. 그렇게 상대방의 관심사와 좋아하는 것과 싫어하는 것을 알게 되면, 그것은 그 사람만의 규칙이 된다.

사람마다 규칙이란 것이 존재한다. 규칙은 사람마다 다르고, 지키기 쉬운지 어려운지도 사람마다 다르다. 타인의 규칙은 타인의 믿음과 신념이다. 나에게도 믿음과 신념이 있다. 그것은 곧 우리의 규칙이 된다. 사람은 믿는 대로 행동한다. 그것이 믿음이 곧 규칙이라는 뜻이다. 회사의 규칙을 따르듯 집안의 규칙을 따르듯 난 나의 규칙을 따른다. 그리고 타인과 친해지고 싶은 나는 타인의 규칙을 따라야 한다.

물론 모든 이가 올바른 믿음과 신념을 가질 수 없겠지만, 그들이 자신을 부정하고 건강한 믿음을 쌓는 것은 오로지 그들의 선택이지 내가 대신 선택해 줄 수 있는 문제는 아니다. 다시 한번 말하지만, 우리도 자유를 원하듯 타인도 자유를 원한다.

나는 나와 타인의 믿음과 신념을 침범해 다치게 하는 것을 제외하면, 그렇게 화낼 일이 없다. 만약 화를 내더라도 언제나 이성적인 판단이 가능한 상태여야 하며, 소리 지르며, 화내기보다는 상대방을 설득하는 게 중요하다. 나는 적어도 내가 쓴 글에 책임을 지기 위해 화가 나더라도 꾹 참는 편이다.

타인의 규칙을 지킨다는 것이 참 어려운 일 같다. 한 사람의 규칙을 지키는 것은 쉽지만, 여러 사람의 규칙을 한 번에 지키는 것은 쉽지 않다. 우리는 한 사람을 신경 쓰다가 다른 이의 마음을 상처 입히기도 한다. 사람들 사이에서 나의 믿음과 신념을 지키면서 타인의 규칙을 지켜 주는 것이 여간 머리 아픈 게 아니다. 그럼에도 우리는 자신의 건강한 마음을 위해 꾸준히 사람들과 활동하고 소통해야 한다.

나와 얘기하고 있지 않더라도 다른 이와 어떤 이야기를 하는지 유심히 듣고 정보를 수집하는 것도 중요하다. 우리는 타인과 소통하는 것 외에도 상대방에 규칙이 무엇인지 파악할 수 있다. 타인이 무슨 책을 읽고, 무슨 노래를 듣고, 다른 이와는 무슨 얘기를 하는지 듣는다면, 우리는 더 빠르게 타인의 규칙을 알아낼 수 있다. 처음에는 너무 방대한 정보들이라 속이 울렁거리겠지만, 시간이 지나고 차츰 정보들이 하나둘 정리되면, 타인을 대하는 것이 전보다는 훨씬 편해져 있을 것이다.

배드민턴 모임도 그렇고 성가대도 그렇고 처음에는 어찌해야 될지 몰라 그냥 최선을 다해 배드민턴을 쳤고, 최선을 다해 찬양을 불렀다. 그런 내 모습을 보고 다행히 사람들은 날 좋게 봐줬고, 하나둘씩 나에게 말을 걸어 주기 시작했다.

나는 그들의 규칙을 파악하고 있으며, 경솔한 행동을 했을 때는 주저 없이 사과한다. 그러다 보니 사람들의 시선은 전보다는 따뜻해졌음을 요즘 들어 더 많이 느끼는 거 같다. 그리고 누구보다 빠르게 규칙들을 파악한 나는 이제는 그들 사이에서 자유롭게 얘기하고 있으며, 조금 더 과감하게 농담도 하며, 즐거운 분위기를 만드는 분위기 메이커가 되었다. 나에게 두려움이었던 타인은 지금은 즐거움과 설렘에 대상이 되었다.

우리에게는 암묵적 룰이 존재한다. 그 룰은 바로 존중과 배려다. 세상에는 무한에 가까운 규칙이 있지만, 우리의 사이가 파국으로 가지 않는 이유는 바로 누군가는 존중과 배려를 하고 있기 때문이다. 나의 규칙을 침범하더라도 참고, 변화하기를 기다려 주는 사람이 있기 때문이다. 우리가 이야기를 하고 함께 대화하며 서로 존중하고 배려한다면, 나의 규칙이 아닌 우리의 규칙이 된다. 이것이 서로의 규칙을 맞춰 가는 과정이다.

우리는 변화하는 존재다. 몸도 마음도 우리는 변화한다. 또한 나와 타인과의 관계도 변화하는데, 그 과정은 서로의 믿음과 신념을 확인하고 서로의 믿음과 신념을 존중하고 배려하는 과정에서 서로의 믿음이 교차하면서 서로의 믿음에 영향을 받아 변화를 가져다주는 것이다.

　서로가 더 깊은 사이가 되는 것을 얘기한다. 그 과정에서 나와 타인은 서로의 규칙을 전보다 더 잘 지킬 수 있게 되고, 좀 더 자유롭게 같이 활동하고 얘기할 수 있게 됨을 뜻한다. 함께 활동하며 서로의 정서를 공감해 주고 서로의 믿음에 영향을 끼친다는 점이 나와 타인이 완전한 타인이 아님을 알려 준다.

　내가 책에 쓴 내용들은 그저 이론일 뿐이다. 자신의 삶에 적용하기 위해서는 많은 시행착오가 필요할 거라 생각한다. 그럼에도 난 이 책을 읽어 주는 독자라면 노력해 주길 바란다. 나는 좀 더 타인과 깊이 있는 관계를 맺길 원한다. 나뿐만 아니라 세상에 살고 있는 모두가 그렇게 되길 소망한다.

　다음 장에서는 세상에 대한 글을 쓸 것이다. 나는 지금의 세상을 그렇게 긍정적으로 바라보지 않는다. 사람들에게 타인을 완전한 타인으로 보게 만들기 때문이다. 어떤 방법으로 타인을 완전한 타인으로 보게 만드는지에 대하여 써 볼 생각이다. 내가 나를 사랑하기 위해서는 난 세상에서 행복하게 살아야 한다. 그러기 위해서는 내가 살고 있는 세상에 어떤 문제들이 있고, 어떻게 흘러가는지 알아 둘 필요가 있다.

4장

세상이란 무엇인가?

역사적으로 보면 지금 세상은 전보다 평화로워졌다는 생각이 든다. 하늘에는 비행기가 날아다니고 도로에는 차들이 지나다닌다. 거의 모든 사람이 스마트폰을 들고 다니고 내 주변에서 굶어 죽은 사람은 본 적이 없다. 과거에 기근과 전염병으로 사람들의 생명이 거품 터지듯 사라지던 시절은 거짓말인 것처럼 느껴지도록 지금 세계는 참 평화로워 보인다.

세상은 평화로워 보이지만 그 이면은 어떨까? 과연 평화로울까? 기술이 발전한 만큼 시민의식도 성장했을까? 나는 세상을 바라볼 때마다 의심이 든다. 내가 보고 있는 것들이 진실인지 거짓인지 말이다. 가끔은 너무 혼란스러워 그냥 눈을 감고 귀를 막아 버린다. 그럼에도 때가 되면 난 다신 눈을 뜨고 귀를 열고 세상으로 나가야 한다. 어른이 되어 버린 난 책임질 것이 생겼고, 나의 책임을 위해 무서워도 나아가야 한다.

예전에는 길거리에 거지도 많았던 거 같았는데, 또 TV에서는 기근, 기아에 고통받던 아이들을 후원하는 프로그램도 많았는데 요즘에는 그런 것들이 보이지 않는다. 세상이 평화로워진 건지 아니면 평화로운 척 우리를 속이는 건지 알 수 없다. 아니 아는데도 모르는 척하는 것일 수도 있다.

세상은 이렇게 평화로운데, 왜 사람들의 표정은 슬픔이 가득할까? 왜 아이들은 크면 클수록 웃음을 잃어 갈까? 그들은 행복하지 않은 것일까? 세상이 이렇게 발전했는데도 그들은 만족하지 못하는 것일까? 나는 왜 우리나라의 자살률이 1위인지 어른이 되고 나서야 알았다. 지금 우리가 살고 있는 세상은 무엇인가 잘못되었다.

겉은 빛나고 있는데 속은 말라 비뚤어져 있다. 그들의 영혼은 점차 썩어 가고 있다. 무엇이 그들의 영혼을 썩게 만들었을까? 분명 그들의 겉모습은 멋지다. 흠잡을 곳이 없다. 하지만 그들이 입을 열어 말하는 그들의 말과 그들의 행동들은 그들의 마음이 썩어 가고 있음을 알려 준다.

어린이들은 웃고 있지만, 어른들은 웃지 않는다. 도대체 어떤 삶을 살았기에 그들의 웃음은 사라져 버린 것일까? 분명 웃는 법을 알고 있었는데, 어느 순간 까먹어 버렸다. 사랑의 말보다는 비난을 더 많이 하고, 비난을 더 듣는 거 같다. 사랑이 흘러야 할 곳에 원망과 미움이 흐르고 있다.

너무 많은 문제들이 존재하지만 세상은 그것을 은폐하려 하고 있기에 문제의 근본을 찾기란 굉장히 어려워졌다. 그래서 난 나의 주위부터 차근차근 문제에 접근하려 한다. 세상에는 어떤 문제가 있기에 이리도 많은 자들이 서로를 미워하고 죽일 듯이 싸우는 걸까? 그들의 고통과 슬픔은 어떻게 해야 멈추는 것일까?

문제의 근본을 찾기 전에 근본적 문제들로 인하여 파생된 문제들을 하나씩 알아보자.

• 개인주의와 집단주의 그리고 이기주의

개인주의와 집단주의를 아는가? 개인주의는 개인을 우선으로 생각하고 집단주의는 집단을 우선으로 생각한다는 점에서 차이가 있다. 하지만 이 둘을 완벽하게 나눌 수 있을까? 내 생각에는 불가능하다고 생각한다.

건강한 집단을 위해서는 건강한 개인이 있어야 하고 개인이 건강해지기 위해서는 건강한 집단이 있어야 한다. 집단을 위해 개인은 희생해야 하고 개인을 위해 집단도 희생해야 한다. 우리는 대한민국이라는 집단 안에 국민으로서 존재한다. 국민이 건강하기 위해서는 나라가 건강해야 하며 국가가 건강하기 위해서는 개인이 건강해야 한다. 하지만 어느 순간 개인과 집단의 균형은 깨졌고, 서로를 비난하기 바빠졌다. 개인은 집단을 집단은 개인을 비난하며, 그들 스스로가 무너져 내리기 시작했다.

건강한 개인이 없는 이상 건강한 집단은 없고 건강한 집단이 없는 이상 건강한 개인은 없다. 인간은 혼자 살아갈 수 없음에 집단을 이룬다. 건강하고 똑똑하고 선한 사람을 늘리는 것은 집단에게 이롭다. 그리고 건강한 집단은 개인들에게 긍정적인 영향을 끼친다. 개인이 건강해야 건강한 집단이 될 수 있음에 그들은 개인에게 투자하는 것이다. 나는 조금 느리고 비효율적이라도 우리나라가 개인에게 좀 더 세심하게 챙길 수 있는 나라가 됐으면 좋겠다.

하지만 내 바람과는 다르게 요즘 우리나라를 보면 집단의 목적성을 잃어버린 게 아닌지 걱정이 든다. 높으신 분들은 국민의 세금으로 여행을 간다. 더 어이없는 것은 그곳에서 유흥을 즐긴다는 것이다. 국민은 세금에 허덕이고 있을 때 그들은 국민이 낸 세금으로 놀고먹고 있음에 입에서 예쁜 말이 나올 수가 없다. 밑 빠진 독에 물을 붓듯 국민들은 세금을 내기 위해 오늘도 내일도 일을 나가 열심히 돈을 번다.

집단주의와 개인주의의 균형이 깨지는 것은 이기주의자들 때문이다. 간혹 이기주의와 개인주의를 혼동해서 쓰는 경우를 많이 봤다. 뭐 실제로도 거의 같은 의미로도 쓰이지만 내 책에서만큼은 확실히 나누고 싶다. 건강한 개인이 사회에 나가는 것만으로도 사회에는 유익하기에 그 사람은 개인주의이면서 집단주의자다. 물론 본인은 모르겠지만 말이다.

이기주의자들은 개인주의에도 들어가지 않고 집단주의에도 들어가지 않는다. 그들이 어디에 있던 아무에게도 도움이 되지 않기 때문이다. 본인의 이익만을 추구할 뿐 어떤 것을 위해서 살지 않는다. 개인주의와 이기주의에 근본적인 차이점은 착취를 하느냐 안 하느냐에 있다. 우리나라는 국민에게서 무엇인가를 착취하는가? 나는 회사에서 착취를 당하는가?

이 질문에 답이 망설여진다면, 우리나라는 그리고 우리 주변에는 이기주의자가 있는 것이다. 여기서 착취당하는 것이 노동력과 자본만을 얘기하는 것이 아닌 마음까지도 얘기하는 것이다. 이기주의자들은 우리의 상황과 마음은 고려하지 않은 채 그저 자신의 이익을 위해 타인을 착취한다.

집단의 이익은 개인에게 균등하게 분배해야 되지만, 이기주의자들에게 이익이 몰리고, 그로 인해 개인에게 할당되는 것이 적어질 수밖에 없다. 이미 모두가 행복해질 수 있는 세계가 됐음에도 모두가 행복할 수 없음에 마음이 아플 뿐이다. 자신의 재산이 균등하게 개인들에게 분배되는 게 싫어 많은 기득권자들은 자신의 자식에게 재산을 상속한다. 재산을 나눈다 해서 그들이 굶어 죽거나 살 집이 없는 것이 아닌데도 말이다.

• 자본주의의 변질

많은 이들에게 돈은 어떤 의미를 가질까? 누군가는 신을 대신하기도 하고 어떤 이는 돈은 그냥 종이에 불과하다고 얘기한다.

나도 돈을 참 좋아한다. 그래서 일도 하고 저축도 하고 남은 돈으로 주식도 공부한다. 하지만 내가 돈을 대할 때 조건이 있다면, 절대 사람보다 돈이 중요하지 않다는 것이다. 나의 조건이 이해가 되는가? 이해는 되지만 아마 실천하고 싶은 이들은 별로 없을 것이다. 돈보다 사람이 중요하다는 것은 누구나 아는 사실이지만 우리의 행동은 그 사실을 부정한다. 머리로는 다 알고 있는 내용이지만 어째서인지 잘 실천되지 않는다.

나는 자본주의자. 매우 돈을 좋아하는 자본주의자. 자본주의에 대해 안 좋은 인식을 가진 사람들이 많다. 하지만 자본주의는 절대 사람을 죽게 내버려두면서까지 작동하지 않는다. 자본주의란 본래 인간을 위해 만들어졌다. 그러니 어찌 자본이 넘쳐 나는데, 굶어 죽는 사람이 있을 수 있을까? 우리는 정말 자본주의를 살아가는 것일까? 나는 그렇게 생각하지 않는다. 자본은 본디 사람을 위해 만들어졌지만 어느 순간 돈을 위해 사람을 파는 지경까지 오고 말았다.

자본주의는 변질됐음에 분명하다. 돈이 살아가기 위해 꼭 필요하다는 것도 알고, 많은 재미와 즐거움을 준다는 것도 아는 사실이다. 근데 예전부터 내가 찜찜했던 부분은 필요 이상에 자본을 왜 나누지 못하는지 궁금했다. 살 집이 있고, 타고 다닐 차가 있고, 밥을 굶는 것도 아닌데 왜 그들은 돈에 그리도 집착하는 것일까? 이건 부자들만의 이야기는 아니다. 많은 사람에게 자본을 쥐여 주면 아마 그들도 똑같이 행동할 것이다.

아마 많은 자본가들은 알고 있을 것이다. 먹을 것이 없고, 마실 것이 없어 죽어 가는 사람들이 존재한다는 것을 말이다. 하지만 그들은 눈을 감고, 귀를 막았다. 그들에게는 한 사람의 생명보다 자신들이 사들이는 사치품이 더 중요한 게 틀림없다.

그리고 자본가들은 나에게 반박할 것이다. 그렇게 억울하면 돈을 자신처럼 많이 벌어 보라고, 이 얼마나 유치한 말장난인가. 나는 그런 그들에게 항상 하는 질문이 있다. "돈이 많아서 좋겠어요, 그래서 저보다 행복하세요?"

무엇이 두려워 필요 이상으로 자본을 꼭 쥐고 있는지 모르겠지만, 그들은 돈이 있어야만 행복할 수 있는 사람들이다. 적어도 난 돈이 없어도 행복할 수 있는 사람이다. 아마 모든 문제를 돈으로 해결하느라 돈 쓰는 법말고는 아무것도 못하게 됐고, 그렇기에 그들에게 돈에 대한 집착이 생겼을 수도 있다. 굶어 죽어 가는 아이들과 더불어 마음이 빈약한 그들이 나는 너무도 안타깝게 느껴진다.

난 내 전 재산을 두 번째 스승님에게 빌려줬다. 그 형은 딸이 두 명 있는데 생활비를 보내 주지 못해 나에게 부탁한 것이었다. 형이 하고 있던, 사업은 성공적이었으나 코로나 때문에 일이 줄었고, 그 덕에 형이 하고 있던 사업이 망한 덕에 형은 빚더미에 앉게 되었다. 사정이 그러하니 가족들에게 보낼 생활비가 없던 것이다.

그 소식을 들은 나는 가지고 있던 주식을 다 팔아 형에게 빌려주었다. 이렇듯 나는 절대 사람보다 돈이 중요하지 않다. 돈에 대한 나의 철학은 절대 변하지 않을 것이다. 내 생활비도 빠듯하지만, 그 형의 딸들의 행복이 돈보다 우선이기에 당연하게 난 돈을 송금했다. 나에게는 당연한 일이었다. 그것이 돈에 대한 나의 신념이기에 나는 주저하지 않았다.

  우리는 돈의 의미를 다시 한번 생각해 볼 필요가 있다. 필요 이상으로 돈에 의미 부여하고 있지는 않은지, 내가 돈에 너무 많은 집착을 하고 있지는 않은지 말이다. 돈은 인간의 편의를 위한 것이다. 도구일 뿐이다. 돈은 절대 사람의 생명보다 중요하지 않으며, 우리의 삶을 대신해 줄 수는 없다.

• 특별해져야만 행복할 수 있다는 믿음

인간은 행복해지려 많은 노력을 한다. 하지만 인간의 많은 시도가 있었음에도 많은 이들은 행복하지 않다. 행복을 연구하는 과정에서 생긴 믿음이 하나 있는데, 그것은 바로 특별해져야만 행복해질 수 있다는 믿음이다. 특별해지는 것은 좋다. 하지만 평범하다고 행복해질 수는 없는 것인가? 그럼 특별한 사람은 모두 행복한 것인가? 우리는 어느 순간부터 특별한 존재가 되기 위해 많은 노력을 하고 있다.

예전부터 뉴스에 연예인들과 정치인들의 자살 소식을 자주 접하게 되는 거 같다. 일반적으로 우리는 그들을 특별한 존재라고 생각한다. 하지만 무엇이 두려워 그들은 스스로의 존재를 포기하는 것일까? 거기에는 많은 이유가 있을 것이다. 책임감을 견디지 못했을 수도 있고, 악플을 견디지 못했을 수도 있다. 그리고 주변인들이 자신의 이야기를 들어 주지 않았을 수도 있다. 만약 그들이 고민을 다른 이에게 얘기하면, 너 정도 되는 애가 무슨 고민이 있어서 나한테 그런 말을 하냐며 핀잔을 줬을 수도 있다. 그들이 특별한 존재이기 이전에 그들은 그저 한 명에 사람이었음을 우리는 까먹은 것일 수도 있다.

반면 특별하지 않은 사람들은 특별하지 않은 자신들의 모습을 보고 좌절하거나 이상행동을 보이기 시작했다. 일명 캣 맘이라고 불리는 이들은 길거리에 있는 고양이들을 보호한다는 명목으로 밥을 챙겨 주고, 간식을 챙겨 준다. 그런 과정에서 주위에 민원이 들어온다. 그들은 고양이를 보호해 준다지만, 야생에서 살아가야 할 아이들에게 야생성을 빼앗아 가는 것은 고양이들보고 죽으라는 소리나 마찬가지다. 분양할 게 아니라면 지속적으로 먹이를 챙겨 주는 것은 옳지 못하다. 그들은 고양이의 영웅이라도 된 것처럼 행동한다. 그것이 그들이 특별해지는 방법이다.

또한 전 세계적으로 환경운동가나 육식을 반대하는 단체들이 사람들에게 피해를 주면서까지 활동하는 모습을 관찰할 수 있다. 도로를 막는 식으로 말이다. 위독한 사람이 타고 있는 차를 막아서는 그들의 행동은 전혀 정의롭지 못하다. 그러한 행동 모두 영웅심리라고 생각한다. 그들의 행동은 문제를 해결하는 것에 전혀 도움이 되지 않을뿐더러 교통체증이라는 새로운 문제를 야기한다.

그런 영웅심리와는 반대로 빌런을 자처하는 이들이 있다. 말이 좋아 빌런이지 그냥 관종이다. 뉴스에 보면 칼을 들고 무차별적으로 사람을 공격하는 이른바 칼부림 사건이 유행처럼 스쳐 간 적이 있다. 사회에 관심을 받지 못한 이들이 특별해지기 위해 선택한 방법이 바로 칼부림인 것이다. 그들 마음에는 특별해지고 싶다는 열망이 가득하지만, 그것을 해소할 수 있는 능력이 없기 때문에 그렇게라도 특별해지고 싶은 마음으로 사람들을 공격하는 것이다.

특별해지는 것도 좋다. 하지만 그 방법이 사람들에게 피해를 주거나 심하게는 죽게 해서는 안 되는 것 아닌가? 노력도 안 하면서 특별한 대우를 받고 싶어 하는 사람들이 어떤 행동으로 사람들을 헤칠지 나는 앞으로가 걱정이다.

우리에게는 특별하지 않아도 행복할 수 있는 방법을 알아야 한다. 실제로 특별한 것과 행복한 것은 다른 문제다. 특별하다고 모두가 행복할 수 있는 것도 아니고, 평범하다고 모두가 불행한 것도 아니다. 자신의 꿈이 특별한 사람이 되는 것이라면 정확히 파악할 필요가 있다. 내가 특별해지는 것이 나의 행복을 불러오는지를 말이다.

막상 주위 사람의 말을 듣고 그들의 말처럼 특별해졌지만, 좋아진 것은 나의 명예와 인지도 그리고 자본 정도지 정작 자신이 누구인지, 모를 정도로 바쁜 스케줄과 세상의 시끄러운 소리들로 자신을 잃어버리는 경우가 많다. 세상이 나에게 하는 말들 중에 무엇이 참이고 거짓인지 모르기에 그들은 혼란스럽고 우울할 때가 많을 수 있다.

어려서부터 우리는 TV에 나오는 연예인들을 보면서 꿈을 꾸기도 한다. 멋지고 예쁜 언니 오빠들이 춤을 추는 것이 멋져 보였다. 하지만 실상은 그렇지 않다. 그들의 겉은 빛나고 멋지지만, 그들의 속은 누구보다 어둡고 혼란스러울 수 있을 것이다. 아무리 특별해져도 행복해지는 방법을 모르는 이상 특별한 것은 별로 특별하지 않은 것이 된다.

우리는 평범함이 가지고 있는 특별함을 생각할 필요가 있다. 우리의 존재는 원래 평범하다. 사람은 누구나 태어나면 빨가벗고 태어난다. 누군가가 나는 옷을 입고 태어났다고 주장하면 내가 다니는 병원이 있으니 같이 가 보는 것도 좋을 거 같다.

우리는 모두가 원숭이와 비슷한 몰골로 태어난다. 그때의 우리는 뭘 입든 뭘 먹든 뭐가 좋고 나쁜지 모른다. 그저 부모님이 좋아 부모 품에서 그저 아무 생각 없이 웃을 뿐이다. 이 아이는 특별해지고 싶다는 생각을 할 수 없을 것이다. 그럼에도 그저 행복한 것이다. 하지만 아기들을 뭐 때문인지 크면서 그 행복을 잃어버린다. 분명 행복할 수 있는 법을 알았는데, 까먹어 버린 것이다. 나는 특별해지는 법보다 행복해지는 법을 아는 것이 더 중요하다고 생각한다. 특별해 봤자 행복하지 않으면 아무 의미 없다.

자기의 믿음과 신념이 제대로 성장하지 않은 상태에서 특별한 존재가 된 것이 과연 축복일까? 내 생각에는 축복이 아닌 저주라고 생각한다. 생각해 봐라, 한 명이 받을 관심과 비난을. 그들은 무책임한 어른들의 희생 양일 뿐이다. 아이들이 받을 상처는 계산하지도 않고, 특별해지는 것만을 추구하는 어른들은 다시 생각해 봐야 한다. 우리 눈에 보이는 특별한 사람들은 일부분일 뿐 지금도 많은 이들이 특별해지기 위해 자신의 행복을 희생하고 있다.

• 인간을 도구로 보는 사회

우리는 자신에 대해 생각할 시간이 부족하다. 이것은 핑계가 아니고 팩트다. 자신에 대해 생각할 시간이 없는 이유는 단순하다. 바쁘기 때문이다. 학교 다닐 때는 하루 종일 공부에 시달리고, 성인이 되어서는 취업 준비에 바쁘고, 취업을 하고 나서는 일하기 바쁘다. 우리는 열심히 살아가지만, 우리의 속은 점점 회색으로 칠해지고 있다. 우리가 바쁘게 움직이는 이유는 단 하나다 바로 돈이다. 세상은 자본으로 흐르고 있으며 자본주의란 거대한 기계에 인간은 작은 부품 그 이상도 이하도 아니다. 그러니 자신의 의미는 사라지고, 하나의 작은 부품으로 살아가는 것이다.

우리의 삶은 어느 정도 정해져 있다. 학생 때는 공부를 하고 어른이 되어서는 돈을 벌고, 결혼을 하고 자녀를 낳고, 집을 사려면 어떻게 해야 하는지 세상은 가르친다. 돌고 도는 자본주의라는 기계 속에서 우리는 자신이 쓸모 있다는 것을 증명이라도 하는 것처럼 열심히도 돌아간다. 하지만 나이가 들어 녹슬게 되면, 새로 들어온 부품으로 교체되는 것이 자본주의 사회의 순리다. 그리고 나이가 들어 회사에서 쫓겨나듯 퇴사를 하고, 집에 들어와 거울을 보면, 낡고 속이 텅 빈 껍데기만 남아 있을 뿐 그들에게는 더 이상 아무 의미도 남아 있지 않게 된다. 더 마음이 아픈 사실은 그들의 자녀들도 그와 같은 삶을 살게 된다는 것이다.

회사를 다니는 것이 인생에 전부였던 사람에게 회사에서 회사를 그만 둔다는 것은 엄청난 상실감을 안겨 준다. 그런 사람들에게 나는 늦지 않았으니 자신이 무엇을 해야 행복한지 찾아보라고 얘기해 주고 싶다. 물론 회사 일에 멀어진 가족관계와 주변 인간관계 회복이 우선이다. 차츰 주변인들의 표정에 행복이 찾아왔을 때 다른 이들과 즐거운 여행도 떠나고, 맛있는 것도 먹고 취미 생활도 즐겼으면 좋겠다. 사회의 악순환을 끊어 내는 것은 진정으로 행복해질 수 있는 방법을 찾고 실행하는 것이다.

• 진실을 숨기는 사회

나는 어렸을 때부터 할머니에게 귀가 못이 박히게 들은 말이 있다. 그 말이 뭐냐면 나 말고는 다른 이를 믿지 말라는 것이다. 설령 그것이 자신의 부모라 해도 말이다. 나는 어렸을 때 그 말이 싫었다. 내가 사랑하는 사람을 믿지 말라는 게 듣기 싫었다. 하지만 나이를 먹고 철이 들 때쯤 할머니 말이 이해가 갔다. 우리 아버지는 사기를 당한 적이 있다. 그런 아버지를 닮은 나는 얼마 전에 보이스 피싱을 당했다. 보이스 피싱을 당한 후 세상을 바라보니 나 빼고 다 너무 평화로워 보였다. 금방이라도 울고 싶고 기대고 싶은데, 난 이미 너무 커 버렸고 모든 문제는 내가 해결해야 됐다.

사기 치는 사람들의 거짓말만으로 이렇게 살기 힘든데, 사기 치는 사기꾼들만 세상에서 거짓말을 하는 것이 아니다. 우리는 살다 보면, 모두 거짓말을 한다. 인간은 가면을 쓰고 활동한다고 많이 얘기한다. 싫은데 좋은 척하고 좋은데 싫은 척을 한다. 솔직하게 살면 손해 본다며 거짓말은 필수라 얘기한다. 나도 그 말에는 일리가 있다고 생각한다. 내 마음속에 있는 말을 다 꺼냈다면, 난 사회적으로 매장당했을 것이다. 아니 내가 살아 있을 수 있을지조차 의문이다. 우리가 살아가는 데 어느 정도 거짓말은 필요하다.

내가 문제라고 생각하는 거짓말은 국가 차원의 거짓말들이다. 모든 뉴스를 사실대로 받아들이고 모든 기사를 사실로 받아들인다면, 당신은 국가에게 속고 있는 것이다. 뉴스 보도와 기사가 모두 사실이라도 그 뉴스와 기사는 거짓을 숨기기 위한 눈속임일 확률이 높다. 우리가 살고 있는 사회도 거짓이다. 사회는 행복을 광고하지만 많은 이들은 우리가 보지 못하는 곳에서 고통받고 있다.

수능을 잘 보면 인생이 행복할 것이라고 거짓말하고, 돈을 잘 벌면 인생이 행복할 것이라 얘기한다. 하지만 그 모든 것들은 거짓말이다. 아무리 수능을 잘 봐도 돈을 잘 벌어도 고독과 외로움은 나를 괴롭힐 것이다. 우리를 착각에 빠뜨리는 거짓에 현혹되지 말아라. 공부 잘하고 돈 많이 버는 사람이 행복한 것이 아니라 행복할 줄 아는 사람이 행복한 것이다.

학교는 우리를 회사의 부품으로 쓰기 위해 교육하고, 부모들은 그런 학교에 자녀를 밀어 넣는다. 며칠 전 뉴스에서는 수능을 하나의 행사를 하는 것처럼 밝게 묘사된 뉴스 보도를 봤다. 슬픔의 요소는 뉴스에 이딜 찾아봐도 없었다. 시험시간에 늦을 뻔한 아이들을 경찰들이 바래다주고, 그런 아이들을 학교 앞에서 응원하는 부모들과 기자들을 보고 있으면, 무슨 연극을 보는 거 같았다. 내가 하나 바라는 것이 있다면 수능 결과 발표 날 기자들이 비극을 연출하지 않길 바랄 뿐이다.

수험생들이 밤새 공부하는 학원 앞 편의점에는 고카페인이 함유된 에너지 드링크와 커피 캔들이 쌓여 있다. 무엇을 위해 그들은 이리도 자기 자신을 희생하며 공부하는 것일까? 나중에 행복을 위해 현재의 행복을 파는 짓을 언제쯤 멈출 수 있을까?

편의는 돈으로 살 수 있지만, 행복은 돈으로 살 수 없다는 것을 그들은 알아야 한다. 우리는 거짓 너머에 있는 진실을 봐야 한다. 눈앞에 뉴스 보도와 기사들 그리고 사회가 말하는 행복에 속지 않길 바란다. 세상이 가려 버린 길들이 존재한다. 수능만이 우리가 가야 될 길은 아니다. 언제나 자신의 마음을 속이는 거짓을 떨쳐 버리고 자신이 진정으로 하고 싶은 진실을 찾아가길 소망한다.

• 세상은 변하지 않을 거라는 믿음

사람들은 세상이 변하지 않을 것이라 믿는 것처럼 정의를 외치지 않는다. 정말 웃긴 건 그들은 문제가 극심하게 심각해질 때만 움직인다는 것이다. 세월호 참사가 일어나고 얼마 지나지 않아 사람들은 촛불을 들고 광화문에 모였다. 그리고 그날 국민들의 바람은 이뤄졌다. 그렇다면 지금 세상은 그때보다 괜찮아졌는가?

내 생각에는 지금 세상은 달라진 게 없다. 세월호 사건을 기억하겠다는 사람도 이제는 거의 없는 거 같다. 나는 세월호 사건이 일어난 지 얼마 지나지 않아 비닥에 노란 리본들이 비려져 있는 것을 본 적이 있다. 그 수가 너무 많아서 세기도 힘들었다. 그 리본은 사람들이 희생자들을 추모하겠다고 달아 놓은 리본이었다. 나는 사람들이 밟고 지나가는 그 리본을 다 모아다가 쓰레기통에 버렸다.

밟히고 있는 리본은 사람들의 정신을 보여 주는 거 같았다. 어차피 시간이 지나면 다 잊어버릴 것이고, 그들은 또 세상이 하는 거짓말에 속아 줄 것이다. 그리고 또 최악이 다가오면 그때서야 들고 일어나 급한 불을 끌 것이고, 또 그들은 거짓말에 속아 줄 것이다.

이런 생각이 드니 나의 정신은 우울증에 시달려야 했다. 아무리 노력해도 달라지지 않는다는 것을 안 순간 난 나 자신을 포기해 버렸다. 나는 달라지지 않을 세상을 위한 모든 노력을 포기하려 했다. 하지만 두 명의 스승님과 가족들은 날 포기하지 않았고, 나의 생각을 고쳐먹기로 했다.

난 더 이상 타인에게 정의를 부탁하지 않는다. 나만 잘하면 된다. 타인이 정의를 위해 같이 싸워 주지 않는다고, 실망하지도 않는다. 그저 타인과 있을 때는 즐겁게 보내다가 나만의 방식으로 남들 몰래 정의롭게 살면 된다.

나는 처음에는 어떻게 선하게 살아갈까 생각하다가 문뜩 떠오른 것이 글 쓰는 것이었다. 예전부터 글 쓰는 것을 좋아했지만, 사회적 문제를 다루기만 하면, 우울해져서 금방 포기하고는 했다. 하지만, 견뎌 보기로 했다. 나 혼자 노력해서 바뀌지 않을 거라는 거 너무도 잘 안다. 하지만 핑계 대고 거짓에 속아 주며 겁쟁이처럼 살기 싫다. 난 내가 죽을 때 나에게 떳떳하고 싶다.

아무것도 모르던 시절 정의를 교회에서 외쳤다가 욕을 참 많이 먹었다. 어떤 사건의 피해자와 가해자가 있었는데, 교회에 있던 사람들의 의견은 가해자가 회개를 했으니 가해자를 용서하라는 것이었다. 피해자가 용서하지 않는데, 가해자가 용서받았다니 이게 무슨 말인가? 그 자리에서 난 그들의 가식에 역겨움을 참지 못하고 화를 내고 말았다. 진실을 보지 못하는 그들이나 그들을 보고 화를 낸 나나 잘못한 건 똑같았다. 나의 정의를 표현하는 것에 있어서 방법이 잘못됐던 것이다.

어른이 되어 버린 나는 이제 내가 가장 잘할 수 있는 방식으로 나의 정의를 실현시키고 싶다. 영화 중에 〈말모이〉라는 영화를 본 적이 있다. 일제강점기 시절 때 대한독립군들의 이야기를 담은 영화였다. 나는 대한독립군들의 이야기라 서로 죽이고 죽이는 내용인 줄 알았는데, 한글을 사랑하는 사람들끼리 모여 전국 각지에 말을 모아 표준어 사전을 만듦으로써 우리말을 지켜 냈다는 내용이었다. 영화가 내게 준 교훈 두 가지는 한글을 사랑하라는 것과 정의를 실현하는 방법이 여러 가지란 것이었다. 아마 누군가는 아무도 모르게 정의를 실현시키고 있지 않을까 하는 희망이 지금 나를 글 쓰게 하고 있을지 모른다.

• 사람에게 어떤 의미도 없다는 믿음

현재 존재하는 창조론을 두 가지로 나누면, 무수한 우연과 무한에 가까운 시간을 통해 우연히 세상은 창조됐고, 그런 세상에 우연히 인간이라는 존재가 창조됐다는 주장과 신이 어떠한 목적을 갖고 세상과 인간을 창조했다는 종교인들의 주장이 있다.

사실 난 전자 후자 둘 다 맘에 안 들지만 굳이 뽑자면 후자 쪽의 주장이 나랑 맞는다. 전자의 주장은 인간은 우연한 산물이기에 어떠한 의미도 없다는 것이라 얘기하지만, 후자는 신이 어떠한 목적을 갖고 있음에 인간에게 어떤 의미가 있다는 것을 얘기하고 있다. 하지만 후자의 경우 인간의 의미가 신의 목적을 위해 작동한다는 점에서 마음에 들지 않는다.

그런데 요즘 전자의 주장, 즉 사람에게는 어떤 의미도 가지지 않는다는 주장이 현실인 것처럼 살아가는 사람이 많아지는 거 같아 걱정이 앞선다. 사람을 도구로 생각하고, 사람을 위해 돈이 존재하는 것이 아닌 돈을 위해 사람이 존재하며, 아무 죄책감 없이 사람에게 상해를 입히거나 심하면 살해하는 일이 너무도 자주 일어난다는 사실에 놀랍지 않을 수 없다.

어느 순간 인간의 존엄성은 사라져 버린 것인지 세상은 미쳐 돌아가고 있는 게 분명하다. 인간성이 결여된 사람으로 인해 다른 이의 인간성이 파괴되고, 심지어는 존재 자체를 지워 버린다. 타인의 존재 의미를 무시한 채 자신의 무책임한 자유의지대로 행동한 그들의 만행은 타인에게 큰 상처가 된다. 우리는 자신의 잃어버린 의미를 찾을 필요가 있다.

자신의 의미는 자신이 부여하는 것이지 누군가 부여해 주는 것이 아니다. 그리고 자신의 의미를 타인이 정의하거나, 무시하면 화를 낼 줄도 알아야 한다. 세상에는 정의롭고 착한 사람들만 존재하지 않는다. 세상에 무례한 사람은 수도 없이 많다. 그런 사람들에게 자신의 가치가 함부로 평가당하게 냅두지 말아라.

의미를 모른다고 너무 낙심하지 말아라. 자신이 못 보는 것일 뿐 자신이 존재의 의미는 어딘가에 숨어 있어서 보이지 않는 것이다. 다른 이가 자신을 판단하는 것에 너무 신경 쓰지 말아라. 자신의 의미를 찾아 줄 수 있는 사람은 아무도 없으니 말이다. 나보다 나 자신을 더 잘 아는 이는 없다. 그 누구도 당신을 당신보다 더 잘 아는 사람은 없다. 세상의 거짓말에 너무 연연하지 말고 자신의 의미를 찾기를 바란다. 세상의 가치로는 당신의 의미를 정의 내릴 수 없다. 사람들에게는 기준이 있고 그 기준은 사람마다 다르다.

아마 자신의 의미를 찾게 되면, 당신은 당신의 의미가 무시당할 때 화를 내는 자신을 보게 될 것이다. 자신의 의미를 찾는 것도, 지키는 것도 자신이 해야 될 일이지 누군가 대신 해 줄 수는 없는 일이다. 의미를 찾는 것은 자존감과도 크게 연결된다. 자신이 가치가 없다고 생각하는 사람과 자신이 가치 있는 사람이라고 생각하는 사람의 자존감이 같을 수는 없다.

그리고 내가 우울증을 앓고 있을 때 가장 많이 들었던 생각이 나는 세상에서 가장 쓸모없는 인간이라는 것이다. 내가 나의 의미를 알아내는 것을 포기하는 순간 나의 정신은 죽고, 썩게 되어 있다. 그러니 생각을 멈추지 말고 자신의 의미가 항상 건강할 수 있게 잘 지켜 줘야 한다.

어느 날 나는 다른 이에게 책을 쓴다고 말하자 그 사람은 나에게 대뜸 "너 뭐 돼?"라는 질문을 했다. 사회적 기준으로 본다면, 난 그 사람보다 잘난 게 하나도 없었다. 그렇지만 그런 이유로 저런 질문을 나에게 해도 되는 것은 아니다. 그 자리에서 난 잘난 사람만 글을 쓰는 게 아니라고 답하며, 나에게 가스라이팅하지 말라고 단호하게 얘기했다. 자신의 의미를 공격받는 질문을 들을 때는 솔직하게 얘기하는 것도 좋다.

자신의 가치가 없다고 생각하는 사람들의 최악의 선택이 바로 자살이다. 자신에게 가치가 없다고 생각하니, 살아갈 의미가 없다고 생각하니 스스로 죽음을 선택하는 것이다. 뉴스에 나오는 이들의 직업은 다양하다. 모두가 동경하던 연예인의 자살, 수험생의 자살, 파산한 사람들의 자살 등등 그들의 위치와 직업은 다 달랐다.

그들이 생각하는 자신의 의미가 무엇이었는지는 대충 알 것 같았다. 돈, 명예, 성적 등등 자신이 생각하는 자신의 의미가 세상에 기준에 맞춰져 있으니 그들이 세상의 기준과 점점 멀어지고 있음에 불안해졌을 것이고, 중압감을 이기지 못해 스스로 자신의 존재를 없애 버린 것이다.

타인의 존재 의미가 없다고 생각하는 이들은 타인의 존재를 파괴하고 자신 스스로가 존재 의미가 없다고 생각하는 이들은 자신 스스로의 존재를 파괴한다.

처음 말해 줬던 창조론 두 가지 다 난 마음에 들지 않는다. 우리가 처음 창조되었을 때 무한에 가까운 우연과 무한에 가까운 시간을 통해 우연히 우리가 창조되었다고 해도 우리가 사고할 수 있고 말할 수 있고, 우리 스스로를 기억할 수 있는 능력이 있다면, 스스로가 자신의 의미를 찾는 것은 가능하다. 창조된 과정이 어찌 되었든 우리는 세상과 상호작용하며, 자신의 의미를 찾을 수 있는 인간으로 창조되었다. 무한에 가까운 우연과 시간을 통해 자신의 의미를 스스로 찾을 수 있는 인간이 창조된 것이다.

그리고 두 번째 창조론도 마음에 들지 않는다. 우리의 존재 의미가 신의 목적을 위해 작동한다는 주장은 옳지 않다. 신이 정말 완전무결한 존재라면 우리를 통해 목적을 이룰 것이 아니라 스스로가 목적을 이루면 된다. 그리고 인간에게 무엇인가 이뤄 주길 바라는 신이 세상에 어디 있는가? 내가 진짜 자비롭고 전지전능한 신이라면, 그저 사람들이 싸우지 않고, 서로를 사랑하며, 잘 살아가는 것이 신의 가장 큰 기쁨이라 생각한다.

나는 그것이 신의 뜻이라 생각하고 하루하루 열심히 살아간다. 신이 아담과 하와에게 이름을 준 것은 그들에게 의미를 부여한 것이다. 그들에게 각자 다른 고유의 의미를 준 것이다. 그리고 그들은 자녀들을 낳고 그들 하나하나에 다른 이름을 부여했다. 신은 우리에게 의미를 가질 것을 바란다. 그리고 한 명 한 명이 소중하기에 모두 다른 의미를 부여한 것이다.

나도 소중하고 당신도 소중하다. 나는 당신의 의미를 찾길 바라며, 세상이 당신에게 의미가 없다 말해도 누군가에게는 당신이 꼭 필요하다는 것을 알았으면 좋겠다. 당신의 의미를 찾는 것을 당신이 스스로가 포기하지 말았으면 좋겠다.

• 사람은 고쳐 쓸 수 없다는 믿음

나는 종종 사람은 고쳐 쓸 수 없다는 얘기를 많이 듣고는 한다. 그런 얘기를 들으면 속으로 '사람이 기계도 아니고 고치기는 뭘 고쳐'라는 생각을 한다. 이렇게 비판을 하지만, 사실 사람이 쉽게 변할 것이라고는 생각하지 않는다. 그렇지만, 그 사람의 모든 것을 아는 것처럼 판단해 버리는 것은 경솔한 행동이라고 생각한다. 사람은 학습하는 동물이고, 배우는 동물이다. 모두가 장점이 있고 단점이 있다. 사람들은 자신의 단점은 보지 못한 채 너무나 쉽게 사람은 고쳐 쓰는 것이 아니라고 얘기한다.

가볍게 사람들과 할 수 있는 얘기라고 생각할 수 있겠지만, 이런 문화가 익숙해지면 익숙해질수록 사람의 가치는 떨어지게 된다. 나는 언제나 나에게도 그렇고 타인에게도 성장의 가능성이 있다고 믿는다. 사람들의 문제 중 하나는 너무 빠른 속단이다. 성장을 기다려 주지 않고 고쳐 쓰지 못한다고 낙인을 찍어 버리니 성장 가능한 사람도 사람들의 손가락질을 못 견뎌 성장하기를 포기해 버린다.

소년교도소에서 10명의 소년이 수능 쳤다는 뉴스를 보게 되었다. 댓글에는 많은 악플이 달렸고 그중 대부분이 범죄자가 수능을 쳐 봤자 범죄자라는 댓글과 사람은 고쳐 쓰는 것이 아니라는 댓글이 거의 대부분이었다. 그들이 잘못을 저지른 것이 맞지만, 그들이 변화하기 위해 노력하는 모습까지 비난받아야 할까?

그들이 죄를 저질렀음에 그들이 비판받아 마땅하고, 피해자에게 평생 사죄하며, 살아야 하는 것은 맞지만, 우리가 너무 필요 이상에 비난을 하는 것이 아닐까 생각해 볼 필요가 있다. 그들의 사죄를 받아 줄지 말지는 피해자의 선택이기에 거기에 대해서는 우리는 더 할 말은 없다. 다수의 변화하지 않는 이들 때문에 소수의 변화하려 노력하는 이들을 포기하는 것은 옳지 않다.

물론 현재 제도 자체에 문제점도 많다. 촉법소년이라는 것을 이용해 범죄를 저지르는 청소년들이 많아짐에 따라 혼란스러운 상황은 맞다. 하지만 혼란스럽다고 해서 변화하려는 청소년들을 외면하는 것은 옳지 않다. 물론 변화하려는 그들에게는 자신이 저질렀던 죄에 대하여 속죄하고 평생 피해자에게 용서를 구해야 하는 책임이 따라야 할 것이다.

그들의 교화를 위해 그 어떤 노력도 하지 않았음에도 비난만 하는 것은 세상의 긍정적인 변화에 아무런 도움이 되지 않는다. 지금 필요한 것은 가해자에게 엄중한 벌을 주는 것과 교화를 어떻게 시킬지에 대한 사고와 피해자의 마음을 치료해 주는 것과 피해자가 가해자의 사과를 받아 주든 안 받아 주든 옆에서 응원해 주는 것이다.

사람은 고쳐 쓸 수 없다는 사람들에게 질문 한 가지만 해 보자. "그럼 당신의 망가진 부분도 못 고쳐 쓰시겠네요?" 실제로 내가 했던 질문이다. 상대방은 아무 반박도 하지 못했다. 우리는 완전하지 않기에 성장할 수 있다는 것을 잊어서는 안 된다. 자신이 완전한 존재인 것처럼 타인을 평가하는 것은 경솔한 행동이라 생각한다. 말을 하기 전에는 자신의 모습부터 돌아보는 것이 중요하다. 입 밖으로 나온 말은 되돌릴 수 없기에 우리는 항상 조심하며 말해야 한다.

• 혐오 사회

요즘 사회에 혐오의 표현은 너무 당연한 것이 되었다. 사람들은 비판이란 명목하에 비난을 하기 시작했다. 혐오는 전염병처럼 퍼져 사람들에게 빠르게 퍼져 나간다. 그들의 말은 논리적이지 않다. 논리적인 척해 봐도 자세히 읽어 보면, 빈틈투성이에 오류투성이다. 그들 말의 목적은 오로지 상대방을 상처 주기 위함이고, 위에서 아래로 끌어내리려는 것이다.

연예인들은 딸기를 두 손으로 귀엽게 먹는다고 욕먹고, 밥을 지저분하게 먹는다고 욕먹고, 부모님에게 앙탈 부리면 불효자라고 욕먹는다. 도대체 그것이 왜 욕먹을 짓인지 이해를 할 수가 없다. 비난하는 자들은 얘기한다. 공인이면 공인답게 모범이 되어야 한다고, 그럼 그들이 식사 예절을 지키고, 효자 효녀 모습만을 보여 주면, 많은 이들이 그것을 따라 바르고 착하게 살까?

전혀 그럴 거 같지가 않다. 비난하는 자들의 삶이 어떨지 나는 너무 궁금하다. 그리고 비난을 댓글로 쓰는 곳은 국민 모두가 보는 온라인이다. 공인들의 행동보다 비난하는 사람들의 모습을 보고 아이들이 배우지 않을까?

비난을 하는 사람들 모든 음식을 복스럽게 먹으며, 식사 예절을 잘 지키고, 부모님께 효도하며 살까? 댓글에 그런 저급한 글이나 쓰는 사람들이 그럴 리는 전혀 없다. 내가 생각하기에 그들은 그저 빛나 보이는 사람들을 질투하는 자격지심 덩어리들이다. 그들의 글은 조금의 배울 점도 없고 영양가 없는 쓰레기다. 자신이 한 말이 누군가에게 상처가 될 것이라는 것을 알면서도 자신의 일그러진 마음을 표현하듯 비난을 쏟아 낸다. 자신이 하는 말은 자신의 내면을 비추기 마련이다. 그들은 화면 속 빛나는 사람들을 욕하는 것이 아닌 자신을 혐오하는 것이다.

타인을 혐오하는 것은 자신을 혐오하는 것이다. 타인에게 하는 말은 자신에게 하는 말이다. 비난을 아무리 쏟아 내도 비난을 하는 사람들은 마음에 쓰레기가 차고 넘쳐 입 밖으로 쓰레기가 흘러나오는 것이니 마음에 상태가 쓰레기로 가득 찼다면, 분리수거하는 것을 추천한다.

그리고 비난을 듣는 입장이라면, 비판과 비난을 잘 구분하고 비난은 무시하고 비판은 나의 배움으로 생각해라. 나를 진정으로 위한 말이 무엇이고, 의도적으로 나를 아프게 하려는 말이 무엇인지 우리는 분별할 필요가 있다.

말에는 힘이 존재한다. 눈에 보이지는 않지만 누군가에게 상처가 될 수도 있다. 눈에 보이지 않는다는 점을 이용해 상대방의 마음을 다치게 하는 것은 범죄다. 실제로 많은 이들은 자신의 주위 담을 수 없는 말을 통해 처벌을 받기도 한다. 하지만 처벌을 받는 것은 극소수일 뿐 아직 많은 이들이 돌이킬 수 없는 말로 누군가를 상처 준다.

그들의 목적은 두 가지다. 자신의 마음속 쓰레기를 비우려는 것과 상대방을 자신의 위치로 끌어내리려는 것이다. 그들은 상대를 낮춰 비교적 자신이 괜찮은 사람이란 것을 어필하려 한다. 하지만 그것은 자기만족일 뿐 주위 사람은 전혀 그런 모습을 좋게 보지 않는다.

자신의 실제 모습을 직시할 때가 올 것이다. 그때가 되면 자신이 한 행동과 말이 후회로 다가올 것이다. 칭찬을 주고 받아도 모자랄 시간에 아무 의미 없는 쓰레기를 아무 곳에나 투척하지 말아라. 아무리 타인을 낮추려 노력해도 낮아지는 건 당신들의 인격이다.

자신의 위치에 불만이 있다면 입과 손을 움직이는 것이 아닌 몸을 움직여라. 당신의 가치를 높여 주는 것은 타인의 낮아짐이 아닌 스스로가 성장하는 것에 있다. 더 이상 타인을 부정함으로써 자신을 부정하지 말아라.

• 현명한 리더의 부재

우리 사회에 현명한 어른이 얼마나 존재할까? 그들은 거짓 없이 진실만을 가르칠까? 내 생각에 안타깝게도 세상에는 현명한 어른이 없다시피 하다. 사람들은 편안한 삶에 익숙해져 더 이상 현명해지기를 포기했다. 정의로워지길 포기한 것이다.

또한 무엇인가 잘못됐음을 모두 눈치채고 있지만, 그 책임을 다른 정의로운 사람들에게 떠넘기기 바쁘다. 진실에 눈을 돌린 어른들은 아이들에게 거짓말을 가르칠 뿐, 아이들은 어른들 말에 속아 자신을 잃은 채 세상이 가라는 대로 움직일 뿐이다.

우리는 점점 진실을 볼 능력을 잃어 가고 있다. 누군가는 진실을 알려 줘야 하지만 세상에 대다수의 어른들은 지금 현실을 사는 것만으로도 벅차다. 고대 시대 때는 자신의 명예와 지위보다 진실을 알리는 것에 더 힘썼던, 소크라테스가 있고, 성경 속 일곱 제자들에게는 예수님이 존재했다. 그렇다면 현대를 살아가는 우리들에게는 누가 있을까?

아이들을 올바르게 이끌어야 할 학교 선생님들은 아이들을 돈 버는 기계로 육성하기 위해 최선을 다하고 있다. 내 말이 틀렸는가? 학교에서 교육하면 아이들은 어떤 삶을 살게 될지 다들 알지 않는가? 학생 중 극소수만이 엘리트에 속하고 극소수만이 대기업에 들어가는 사실은 왜 알려 주려 하지 않는가? 회사에 들어간다 한들 자신의 존재 의미를 팔아 가면서까지 일해야 된다는 사실을 왜 당신들은 숨기고 있냐는 말이다.

어른이라는 작자들이 왜 그렇게 겁이 많고, 나약한지 아이들에게 멋진 어른이 되어 주지 못할망정 적어도 진실을 알려 줘야 되는 것이 아닌가? 미움받는 것이 두려운가? 외면받는 게 두려운가? 난 아이들의 삶에 자신의 의미를 잃어버릴 게 가장 두렵다.

진실을 숨기고 거짓을 홍보하는 지금의 세상을 살아가는 아이들에게 정말 안타까운 일이 아닐 수 없다. 아이들은 자본주의라는 기계 부품으로 살다가 존재 의미를 잃어버리고, 시간이 지나면 사람보다는 돈이 중요하다는 것을 배울 것이다. 그 사람이 자신이라는 것도 사회를 살다 보면 자연스럽게 알게 될 것이다. 아이들이 행복하게 살아가길 진심으로 바란다면, 진실을 직시하고 거짓을 고발해라.

회사에서는 돈이 걸린 문제라면 아이들은 상처를 받아도 되는 존재가 될 것이다. 나의 아이가 사회에 나가서 받을 대우는 뻔하다. 절대 사랑받지 못할 것이다. 아이가 사랑받을 존재인지 아닌지를 말하는 것이 아니다. 아이들은 그런 것과는 상관없이 어차피 부품으로 살아갈 것이기에 사랑이 필요 없는 존재가 되는 것이다.

부모들이 받았던 대우를 아이들이 그대로 받을 것이다. 아이가 다닐 학교, 직장에서 아이가 사랑받지 못할 확률이 높다.

학교에서는 최선을 다해 세상의 도구가 되라고 가르친다. 교육이라는 단어 이면 아래에는 세상이 아이들에게 세뇌시키듯 반복하여 세상의 가치를 강요한다. 아이들은 밤낮 할 거 없이 공부를 하고 학교가 끝나면 학원으로 가 모두가 똑같은 책상에 앉아 똑같은 내용을 학습한다. 그리고 그들은 수능 날이 되면 모두가 똑같은 시험지로 자신의 가치를 평가받는다.

회사에 높으신 분들은 자기 자식 귀한 줄은 알면서 남의 자식 귀한 줄은 모르는 사람들이다. 모두가 그렇다는 것은 아니지만, 돈과 진급이 걸린 문제라면 거의 모든 사람이 그럴 것이다. 우리의 아이들보다 돈이 더 중요하니 아이들의 잠을 줄여 가면서까지 야근을 시킬 것이다.

선생님들의 교권이 추락한 것에 대해 난 마음이 너무 아프다. 아이들은 집에서 존중과 배려를 배우는지 안 배우는지도 모르겠다. 아마 세상에 이리 치이고 저리 치이는 부모들이 아이의 리더로서 아이들을 훈육하고 교육할 시간이 있었을까? 학교에서 선생님들이 아이들에게 못된 짓을 당하는 것을 보면 아이들이 사람의 가치를 어떻게 생각하는지 보인다. 아이들은 집에서도 학교에서도 회사에서도 진실을 가르쳐 줄 리더가 존재하지 않는다.

나에게는 다행히 철학을 가르쳐 준 스승과 세상을 가르쳐 준 스승이 둘씩이나 있었다. 나에게는 너무나 큰 행운이었다. 그들은 나에게 진실을 가르쳐 주었고, 나의 삶에 방향을 다시 한번 정비할 수 있는 기회를 주었다. 나에게 좋은 리더가 있었던 것처럼 세상에도 좋은 리더가 많이 생겨났으면 좋겠다. 아이들에게는 자신의 가치가 돈과 명예보다 크다는 것을 말해 줄 리더가 필요하다.

나도 돈과 명예보다 아이들이 더 소중하다고 얘기해 주는 사람이 되고 싶다. 그리고 아이들 앞에서만큼은 세상의 거짓보다는 진실을 알려 주는 그런 떳떳한 어른이 되고 싶다. 말뿐만이 아닌 행동으로 실천할 수 있게 정의롭게 글을 쓰는 내가 될 수 있도록 노력하고 싶다. 난 배우는 중이고 부족한 것이 많기에 리더로서는 아직 부족하다 하지만 언젠가 나도 누군가의 훌륭한 어른이 되어 주고 싶다.

• 교육의 방향성

행복이란 무엇일까? 기쁨이란 무엇일까?

이 질문을 사람들에게 한다면, 얼마나 많은 사람들이 얼마나 풍성한 답을 내놓을지 너무 궁금하다. 아마 대부분은 행복이 무엇인지 기쁨이 무엇인지 모르고 그것을 어떻게 실현하는지 모르는 사람이 대부분일 것이다. 어른들은 돈을 벌면 행복할 수 있고 기쁠 수 있다고 가르치지만, 그것은 거짓말이다.

우리의 목적이 기쁨과 행복이라면, 기쁨과 희망에 대하여 배울 일이지 돈 버는 법을 배운다고 해서 행복하고 기쁠 수는 없다. 돈 버는 법을 배우는 것은 돈 버는 법만을 배울 수 있을 뿐 그것이 행복해지는 법과 기쁨을 누릴 수 있는 법을 알려 주지 않는다. 교육계가 가장 크게 잘못하고 있는 것은 물질=행복, 기쁨이라는 공식을 아이들에게 가르치고 있다는 것이다.

내가 생각하기에 물질=편의가 맞는데 그들의 생각은 나와는 다른가 보다. 사람들은 자신이 배운 공식에 자신을 맞춰 살려고 하니 계속 자신의 부를 과시하고 자신의 텅 빈 마음을 물질로 채우려고 한다. 행복과 기쁨이라는 감정은 물질이 아니기에 물질로는 채울 수 없다. 그럼에도 자신이 배운 공식이 틀렸다는 것을 인정하지 못하고 그들은 오늘도 사치품을 사 모은다.

　현재의 교육은 우리나라의 근본적인 문제라 할 수 있다. 거의 모든 사람이 우리나라가 제공한 교육을 받고 거의 모든 사람이 똑같이 취업을 했다. 그리고 지금의 대한민국은 그들로 구성되어 있다. 대통령, 국회의원, 연예인, 일반인 모두가 똑같은 교육을 받고 획일화된 세상을 살아가고 있다. 획일화된 세상 속에서 개인의 개성과 특성이 존중받는 것은 쉽지 않다.

　교육계의 교육 방식은 변화가 필요하다. 학습을 하기 전에 자신이 배우고 있는 것을 왜 배워야 하는지부터 교육을 하고, 수능을 위한 교육과 더불어 아이들의 정서발달에 도움이 되는 교육을 동행할 필요가 있다. 그리고 근본적인 문제를 바로잡아야 한다. 물질=행복과 기쁨이라는 공식에서 물질=편의라는 공식으로 인식을 바로잡을 필요가 있다.

　사람은 모든 균형 잡힌 것이 중요하다. 감성에 치우치지 않고, 너무 냉소적이지도 않은 상태를 유지해야 한다. 교육의 방향도 이와 마찬가지로 균형 잡힌 교육이 중요하다. 자본을 위해 내가 배울 교육과 정신을 위해 내가 배울 교육이 균형 있게 형성되어야 한다.

　자본이란 개념과 정신이라는 개념은 서로 혼합할 수 없다. 서로가 서로에게 영향을 줄 뿐 근본 자체가 다르다. 우리의 교육 목적이 너무 물질에 쏠려 있었던 것은 아닌지 생각해 볼 필요가 있다.

　그렇다고 급진적인 개혁을 하고 싶은 것은 아니다. 언제나 변화는 책상 앞에서 토론을 하며, 서로가 서로의 말을 존중하며 천천히 이뤄져야 한다. 급진적인 변화를 추구할 때 빠른 변화에 적응하지 못하는 낙오자가 생길 수 있음에 우리는 항상 주위를 살피고 잘못된 것이 있는지 파악한 후 천천히 변화시켜야 한다. 나는 많은 학생과 어른이 모여 교육의 방향성을 두고 얘기할 수 있는 기회가 왔으면 좋겠다. 그런 날이 온다면, 그것이 바로 변화의 시작점이 되지 않을까?

이렇게 우리가 살아갈 세상에 대해서 간단하게 알아봤다. 전문적으로 배운 적은 없지만, 나는 살아오면서 세상에 대한 철학을 멈춘 적이 없다. 나와 타인이 세상을 살아가는 것에 있어서 세상을 파악하고, 살아가는 것은 매우 중요한 일이다. 세상 속에 내가 나로 살아가고, 내가 나를 사랑하기 위해서는 세상을 파악하고 내가 어떻게 살아갈지에 대한 계획이 필요하다.

내가 세상을 살다가 어려움을 만나 슬픔에 빠진다면 난 나를 사랑할 마음의 여유가 남아 있지 않게 된다. 세상의 잘못된 부분은 피해 가고, 못 피하더라도 빠르게 극복할 수 있는 힘이 우리에게 필요하다. 나를 사랑하기도 모자란 시간에 슬픔과 고통의 시간을 보내는 것이 너무 마음 아프지 않은가?

안타깝게도 나와 타인을 사랑할 시간이 부족함에도 세상은 끊임없이 우리를 상처 주고 심하게는 죽음에 이르게 한다. 지금 이 순간에도 많은 사람들이 전쟁 중에 목숨을 잃는다. 인간의 가치는 어느새 바닥을 치고 사랑의 자리를 미움과 원망 그리고 고통이 차지하고 있다. 세상은 개인의 의미와 가치가 없는 것처럼 행동한다.

내가 책을 쓰게 된 이유는 세상이 내가 나를 사랑하는 것을 방해하기 시작했기 때문이다. 나는 타인의 생각을 듣는 것을 좋아한다. 그리고 다채로운 타인의 표정을 좋아한다. 타인과 얘기를 하면 할수록 나의 의미는 풍성해지는 것을 느낄 수 있었다. 하지만 어느 순간부터 다른 나라에서는 전쟁이 일어나고, 뉴스에서는 말도 안 되는 이유로 고통받는 사람들이 보이기 시작했다. 혐오를 방치하는 세계가 너무 원망스러웠다.

모든 재산을 정리하고 전쟁 중에 있는 사람들에게 도움을 주기로 마음을 먹고 아버지에게 봉사활동을 가겠다고 얘기하자 아버지는 완강하게 거부하셨다. 내가 잘못되는 것이 두려웠던 것이다. 아버지의 반대에 나는 깊은 고민을 했고, 내가 지금 할 수 있는 일이 무엇일까 고민을 하다가 글을 쓰기로 한 것이다.

1, 2, 3장을 쓰는 것은 즐거운 일이었다. 하지만 4장을 쓸 때에는 중간중간 울컥울컥 분노가 올라왔다. 내가 나를 사랑하지 못하게 방해하는 세상이 원망스러웠는지 아니면, 고통받고 있는 사람들의 마음에 공감을 한 것인지 모르겠지만 심리적으로 굉장히 부담이 됐다. 책을 쓰는 사람으로서 언제나 글을 쓸 때는 평정심을 지켜야 된다는 것을 알지만, 그게 내 마음처럼 쉽지 않았다. 세상에 대해 쓸 때는 항상 마음이 착잡했다.

타인의 고통을 보는 것은 나의 행복을 방해한다. 그리고 모든 사람은 나를 만나 이야기를 할 가능성이 있기에 타인은 항상 나에게 기회였다. 그것이 내가 이타적으로 살아가려는 이유다. 타인을 사랑하는 것은 곧 나를 사랑하는 것이라고 말하는 이유도 그런 이유에서였다.

타인과 나는 다른 존재면서도 서로의 감정을 공감할 수 있는 생물이다. 뿐만 아니라 서로 소통도 가능하다. 나는 타인에게 긍정적인 영향을 끼칠 수 있는 존재다. 타인 또한 그렇다. 이 얼마나 아름다운가. 사람의 생각을 공유하고, 서로 소통하며 자신의 의미를 넓혀 갈 수 있다는 게 말이다. 하지만 세상에 의해 타인과 깊은 대화를 할 수 있는 기회는 줄어들고 있다. 그리고 많은 이들이 전쟁으로 희생되고 있음에 나에게는 잠재적 기회를 놓치는 것과 같다. 타인은 즐거움이며 기쁨이다. 그리고 타인의 슬픔은 나의 슬픔이다.

나를 사랑하는 것과 타인을 사랑하는 것은 어느 정도 유사하다고 생각한다. 나누는 대화가 깊어지면 깊어질수록 생각의 공유가 많아지면 많아질수록 유사점은 넓어진다. 친하면 친할수록 공감이 더 잘되고 이별할때 더 아픈 것이 그 때문이다. 다음 장에서는 사랑이 무엇인지에 대해 다룰 것이다. 나를 사랑하라는 것이 나의 책 주제인데, 사랑의 정의는 알고 가야 되지 않을까?

5장

사랑이란 무엇인가?

부모들은 자식을 사랑한다 말하고, 할머니와 할아버지는 손주를 사랑한다 말하고 연인들은 서로를 사랑한다 말한다. 이렇게 쉽게 쓰이는 사랑이란 단어는 과연 사랑이 맞을까? 물론 사랑의 종류는 다양하겠지만, 내가 정의할 사랑은 일반적으로 쓰이는 사랑보다는 무겁고, 책임감이 필요한 단어다. 이성 간의 사랑을 얘기하는 것도 아니다. 사랑과 행복은 별개의 문제라는 것이란 것을 우리는 알아야 할 필요가 있다.

내가 정의할 사랑은 행복과 쾌락과는 거리가 멀다. 내가 정의할 사랑은 아프고, 슬프지만 신비로운 것이다. 내가 말하는 사랑은 고되지만 뿌듯한 일이다. 내가 정의할 사랑에 연인 간의 설렘은 찾아볼 수 없다. 소크라테스와 예수가 보여 준 사랑을 나는 서술할 것이다. 그들은 자신의 죽음을 받아들이면서까지 우리에게 무엇인가를 전해 주려고 했다.

나를 사랑한다는 것은 나의 전체를 사랑하는 것이다. 나의 미래에 숨어 있는 죽음까지도 말이다. 사랑은 고통스럽게 나를 변화시킨다. 쾌락은 나의 존재를 변하게 하지 않지만, 사랑은 나의 존재를 변하게 한다. 내가 성장할 수 있게 항상 나를 응원해 준다. 우리가 변하려 하지 않음에도 사랑은 내가 변하길 항상 기다려 준다.

사랑을 서술할 때는 사랑을 인격적으로 표현할 것이다. 그리고 사랑과 내가 대화하는 형태로 써 볼까 한다. 실제로 과거 내가 사랑과 소통했던 방법을 서술할 것이다. 그때 당시에는 그것이 사랑인지 몰랐지만, 지금 생각해 보면 나를 계속 귀찮게 했던 것은 사랑이 맞다. 사랑을 인격적으로 표현하는 이유는 마지막에 나올 것이니 끝까지 읽어 주길 바란다.

사랑은 강요하지 않는다. 그저 옆에서 바라봐 주고 지켜 줄 뿐 언제나 나를 기다려 준다. 나에게는 조급해하지 말라며, 나의 옆에 항상 자기가 있다며 나를 위로해 준다. 그 사랑은 나의 동의 없이는 나에게 간섭하지 않는다.

사랑은 방관자와 같다. 하지만 내가 나를 사랑하려 할 때 사랑은 나의 편이 되어 준다. 사랑은 평소 있는 듯 없는 듯하지만, 항상 내가 잘되기를 바란다. 사랑은 언제나 내가 진정으로 필요한 것이 무엇인지 알려 주고 싶어 한다.

사랑은 나의 의지 없이는 작동하지 않는다. 이롭지도 해롭지도 않은 상태의 사랑은 그저 나를 바라볼 뿐이다. 이때의 우리 마음에는 공허함과 외로움이 가득 차 있게 된다. 다른 이를 신경 쓰고 다른 일에 신경 쓰느라 나의 뒤를 사랑이 지키고 있는 것을 눈치채지 못한다. 사랑이 나를 대하는 방법은 누군가를 짝사랑하는 것과 다르지 않다. 내가 먼저 의지를 가지지 않고 사랑에게 다가가지 않으면 사랑은 꿈쩍도 하지 않는다.

이때 사랑은 타인과도 같다. 나는 사랑의 정체를 인지하지 못하고 있다. 우리는 우리의 내면을 볼 여유가 없음에 자신을 사랑할 수 없는 것이다. 그럼에도 괜찮다. 사랑은 우리를 죽을 때까지 기다려 주기에 우리에게는 기회가 많다. 내가 나를 포기해도 사랑은 나를 포기하지 않는다. 세상 거짓에 가려진 사랑은 우리 눈에 보이지 않을 뿐 존재하고 있다.

우리가 사랑에 도달하기 위해서는 자신이 도움이 필요한 사람이라는 것을 인정하는 것에서부터 시작한다. 세상을 살다 보면 우리는 많은 슬픔과 고통에 노출된다. 하지만 자존심이 센 나는 쉽게 자신의 연약함을 인정하지 않는다. 나는 뭐든 할 수 있다는 듯 거침없이 앞서가지만, 마음속에는 언제나 망설임이 존재한다.

버티고 버티다 기어코 자신을 벼랑 끝까지 몰고 간 나는 그제서야 자신의 나약함을 알게 된다. 그럼에도 사랑은 나에게 어떤 도움도 주지 않는다. 사랑은 나의 뜻을 존중해 주기에 내가 어떤 부탁을 하지 않는 이상 우리에게 그 어떤 것도 해 주지 않는다. 더 이상 버틸 힘이 남아 있지 않을 때 우리는 나에게 필요한 것이 무엇인지를 찾게 된다.

그렇게 찾고 찾다가 발견한 것이 바로 사랑이다. 사랑은 질투가 많아 자신의 말에 귀 기울여 주지 않고, 자신의 말을 들어 주지 않으면, 나를 도와주지 않는다. 사랑은 죄책감과 고통, 슬픔이라는 언어를 사용해 우리에게 자신의 존재를 알렸지만, 우리는 세상의 시끄러운 소음 때문의 사랑의 존재를 인지하지 못한 것이다.

너무 지쳐 세상으로부터 떨어져 나와 나의 내면을 바라보면 시끄러운 잡음이 들려온다. 너무나 지친 것인지 내가 누군지조차 모르게 되어 버렸다. 그렇게 조금 쉬다 보니 시끄럽던 마음이 조금은 진정이 되었다. 진정이 된 나의 마음에는 공허만이 존재할 뿐 아무것도 남아 있지 않다. 나의 겉모습은 화려하지만, 나의 내면은 아무것도 입지 않은 것처럼 썰렁하다.

그래도 다행이다. 자신의 마음이 아무것도 있지 않은 공허의 상태라는 것을 알았다는 것이 말이다. 나의 존재가 망가지거나 파괴되기 전에 자신의 상태를 인지했다는 것은 행운이다. 그렇게 조금 더 자신의 내면의 집중해 보자. 그러다 보면 평소에 혼란스러워 들리지 않던 누군가의 목소리가 들릴 것이다. 내 안에 있던 녀석은 나에게 참 궁금한 게 많은 거 같다. 그놈은 사랑이란 놈이다. 내가 세상을 살아갈 때 내가 외면했던 사랑이다.

너는 누구니? 너는 무엇을 믿니? 너는 무엇이 되고 싶니? 너가 살아가고 있는 세상은 만족스럽니?

사랑은 나에 대해 궁금한 것이 참 많다. 그것은 나에 대한 관심이다. 하지만 사랑이 나에게 하는 질문에 아직 답을 할 수는 없다. 너무 생소한 질문들이기 때문이다. 누구도 나에게 저런 질문을 하지 않았다. 부모님도 학교 선생님들도 직장 상사들도 저러한 질문들을 내게 하지 않았다. 사랑이란 놈은 저런 게 왜 궁금한 것인지 이상한 것만 물어본다.

　대답할 수 없는 질문들을 계속하니 혼란스러워 미칠 지경이다. 저 질문의 답을 하기 위해 책을 찾아보고, 타인과 얘기를 하기도 해 봤다. 공부하면 할수록, 사람들과 얘기하면 할수록 질문의 답은 풍성해지고, 다채로워졌다. 내가 나를 찾아가는 시간이었다. 사랑의 질문들에는 공통점이 있다면, 나의 대해서 물어본다는 것이다. 그것은 나의 대한 관심이다.

　하지만 아직 불안하다. 세상이 원하는 삶의 방식과 사랑이 내게 알려주려고 했던 삶의 방식이 다르기에 나는 혼란스러울 뿐이다. 나는 아직 세상과 사랑을 저울질하고 있었다. 세상 속에서 편하게 살지 아니면 나를 찾는 모험을 떠날지 말이다.

　내가 사랑을 인식하고 나에 대해서 공부를 이어 나가던 어느 날 문득 전에 보이지 않았던 것들이 보이고 들리기 시작했다. 세상이 나를 나로서 인정해 주지 않는 소리와 나의 자존감을 갉아먹는 소리들에 전에 생기지 않았던, 분노가 생기기 시작했다.

　예전에는 당연하게 넘어갔던 것들인데, 언젠가부터 나를 부정하는 것들에 예민하게 반응하기 시작했다. 내가 나를 전보다는 잘 알게 되니 세상이 나를 부정하고 있던 사실을 알게 되었다. 세상이 내게 강요했던 것들이 거짓임을 알게 된 후 세상과 사랑을 저울질하는 것을 그만두고 사랑의 말에 귀 기울이기로 했다.

한동안 사랑은 내게 같은 질문을 반복했다. 질문의 답이 깊어지면 깊어질수록 넓어지면 넓어질수록 세상이 말하는 거짓과 진실의 구분은 명확해져 갔고 전보다 나의 삶은 자유로워졌다. 상처를 받는 횟수도 줄어들었고 의미 없는 비난은 그냥 무시할 수 있게 되었다. 근데 사랑이라는 이 녀석 어느 순간 나에게 다른 질문을 하기 시작했다.

이거면 돼? 이걸로 만족해? 너만 행복하면 되는 거야?

나는 사랑이 무엇을 얘기하는지 알고 있었다. 하지만 이제 막 세상으로부터 자유로워졌는데, 이 자유를 포기하고 싶지 않았다. 사랑이라는 녀석은 죄책감이라는 언어로 나에게 질문을 계속해 왔다. 나는 어쩔 수 없다는 듯 또 공부하기 시작했다. 그 과정에서 세상의 이면을 접하고, 도움의 손길이 닿지 않는 사람들의 이야기를 접하게 되었다.

그럼에도 나는 세상을 향해 진실을 외치기 싫었다. 다칠 게 뻔하고 외면받을 게 뻔했다. 나는 두려움이 많은 겁쟁이라 사랑의 말은 들은 채도 안 했다. 그렇게 자유를 만끽하며, 나의 가족과 지인들과 행복하게 살고 있었다. 그러던 어느 날 세상의 무책임함 속에 나의 지인들이 목숨을 잃었다는 뉴스를 보게 되었다.

그 순간 나의 자유는 통제되었고, 슬픔과 고통이 한동안 지속되었다. 그러다 슬픔과 고통이 끝을 보이자 슬픔과 고통은 세상을 향한 원망으로 바뀌었다. 나는 그런 일이 있었음에도 변하지 않는 세상이 너무 싫었다. 나는 한동안 무시했던 질문들이 다시 들리기 시작했다.

이거면 돼? 이걸로 만족해? 너만 행복하면 되는 거야?

나는 그제서야 사랑이 내게 한 질문에 답을 하기 시작했다. 그 과정에서 나의 의미를 이루고 있던 것들이 타인이었음을 알았고, 타인의 슬픔과 고통이 나의 슬픔과 고통임을 알게 되었다. 나는 그 사건 이후로 세상을 향해 진실을 외치기 시작했다.

그때 나는 많은 욕을 먹었다. 거짓을 말하는 것은 나라고 말이다. 표현이 서툴렀던 난 화내는 거밖에는 나의 생각을 전할 방법이 없었다. 나의 정신은 피폐해져 갔고, 많은 사람을 괴롭힌 죄인이 되어 있었다. 그러다 나의 마음이 꺾여 더 이상 용기가 나지를 않았다. 사랑이란 놈은 내게 질문하는 거 말고는 전혀 도움이 되지 않는 거처럼 느껴졌다.

그렇게 몇 년을 살다가 우연히 한 목사님을 만나게 되었다. 그저 우연히 간 종교 모임에서 우연히 만난 평범해 보이는 두 아이의 아버지인 목사님을 만났다. 나에게 완전히 타인이었던 그 사람에게 나는 아무 관심도 없었다. 나중에 그 사람이 목사인 걸 알았을 때도, 개척교회를 운영하고 있다는 걸 알았을 때도 나는 그 사람에게 전혀 관심이 없었다. 나의 마음은 누군가를 신경 쓸 여유가 전혀 없었다.

나는 누군가에게 기대고 싶었다. 혼자 감당하기에는 나는 너무 어렸고, 정신적으로 건강하지 못했다. 종교 모임에는 지속적으로 나갔는데, 나의 상태는 너무 좋지 않았다. 내가 하는 말에는 항상 가시가 있었다. 이러니 나의 인간관계가 온전할 리 없었다. 내 마음이 다시 시끄러워지자 사랑의 목소리는 들리지 않게 되었다.

당시 다니고 있던 교회는 대형 교회였는데, 난 교회 다니는 사람들은 정의로울 줄 알았다. 하지만 그들은 세상에 살아가는 사람들보다 더하면 더했지 덜하지는 않았다. 다시 생각해 보면 교회란 곳이 세상에서 살다가 모인 사람들과 세상에 어울리지 못하는 사람들이 어우러진 곳이니 당연한 일이었다. 그들이 아무리 잘못을 해도 회개하면 모든 것이 다 용서가 됐기에 그들의 근본적인 문제들은 해결되지 않았다. 그리고 대형 교회다 보니 신도들을 세심하게 챙길 수 없다는 것도 문제 중 하나였다.

세상과 교회에 환멸을 느낀 나는 또다시 세상을 등지고 혼자 만의 시간을 가지기로 했다. 그때 문득 종교 모임에서 만난 목사님이 생각났고 그분께 연락을 드렸다. 그리고 나는 그 교회에 다니기로 마음을 먹고 주일마다 그곳에 출석했다. 그곳의 신도님들은 모두 목사님의 가족분들이셨고 다들 너무 따뜻하게 나를 반겨 주셨다.

목사님의 아들과 딸도 같이 예배를 드렸는데, 그들에게는 예배드리는 것이 아직 버거웠는지 툭하면 뛰어놀고, 울고, 웃다가 잠이 들었다. 예배 중에 시끄러운 아이들을 목사님의 아내분이 말릴 때마다 목사님은 그냥 두라고 하셨다. 그 모습이 아이들의 자연스러운 모습이라고 말하며 말이다. 대형 교회와는 확연한 차이가 있었다. 교회라 하기에는 너무 좁은 곳에서 예배를 드렸지만, 그 어떤 곳보다 따뜻한 곳이었다.

그때까지만 해도 나의 믿음과 신념은 비참할 정도로 옹졸했다. 나의 믿음은 마치 아기와 같은 믿음이었다. 원하는 대로 되지 않으면 화내고, 울고, 떼를 썼다. 그럼에도 난 나를 잘 파악하지 못했다. 나는 내가 정의롭다 생각했고, 정의를 실현할 수 있을 거라는 자만에 빠져 있었다. 목사님은 그런 나를 정확하게 파악하고 있었다.

그 교회에서 처음에는 성경 공부를 하다가 시간이 지나면서 철학이란 것을 배우기 시작했다. 철학이란 것이 너무 낯설어 이해하는 것을 포기하고 싶어졌다. 그럼에도 한 문장을 여러 번 읽다 보면 이해가 됐기에 느리지만 철학 공부는 지속할 수 있었다. 철학 공부를 하는 사람은 나 혼자였고 목사님은 반짝거리는 눈빛을 하고 나를 신나게 가르쳐 주셨다. 목사님은 종교철학과를 다니고 계셨다. 지금 목사님은 종교철학 박사학위를 준비하고 있다.

철학 공부가 끝나고 나면 자유롭게 얘기하는 시간이 있었는데 내가 어떤 말만 하면 목사님은 소크라테스로 빙의되어 나에게 무수한 질문을 했다. 목사님은 나의 의견을 부정하지 않았음에도 나는 내가 부정당한 느낌을 받았다. 계속되는 질문에 나의 말이 막히면 또 다른 답을 생각하고, 그것이 또 막히면 다른 답을 생각했다. 그 과정에서 내가 알고 있는 것이 얼마나 얕은지를 알 수 있었다. 나의 모순을 알고 있기라도 한 듯 목사님은 나에게 수많은 질문을 했다. 마치 내 안에 있는 사랑처럼 말이다.

그 과정에서 나는 처음에 화가 났다. 마치 목사님이 질문하는 것이 꼭 나를 부정하는 것처럼 느껴졌기 때문이다. 정작 나를 부정하고 있던 건 나였는데, 나를 부정하는 것이 꼭 목사님 같았다. 하지만 시간이 지나고, 질문에 익숙해지자 나는 전보다 더 풍성하고 다채로운 답을 할 수 있게 되었다. 깨지고, 배우고, 깨지고, 배우고를 반복하니 나의 새로운 믿음이 생기기 시작했다.

그럼에도 나의 우울증은 진행되고 있었다. 외롭고 고독했다. 세상에 나만 존재하는 거 같았다. 나의 의미가 사라지는 것만 같았다. 아무리 믿음과 신념이 좋아진다 한들 그것을 다른 이에게 전할 용기가 나지를 않았다. 그렇게 아무런 의미 없는 시간을 보내다가 우편함을 확인해 보니 영장이 와 있었다.

나는 목사님과 가족들에게 인사를 하고 군대를 갔다. 내가 속해 있던 부대는 인원이 굉장히 적은 부대였다. 내가 처음 부대를 배정받고 작전병으로서 군복무를 하게 되었는데, 나의 맞선임은 병장이었고 2주 후에 전역을 해야 하는 상황이었다. 나는 그 2주 동안 작전병의 모든 업무와 부대 전체 사람들의 이름을 외워야 했다. 안 그래도 심리적으로 건강하지 못했는데, 너무 많은 일들을 짧은 기간에 머리에 채우려니 머리가 터질 지경이었다.

하지만 군대라는 곳은 나의 상황을 고려해 주지 못하는 곳이다. 그들도 바쁜 사람들이었다. 나에게 일어나는 모든 문제는 사람이 적어 생긴 문제였다. 그 부대는 하루에 불침번을 두 번 서는 날이 있을 정도로 사람이 적었다. 인수인계해 주시던 병장님은 전역을 했고 나 혼자 남았을 때 부담감과 불안함은 커져만 갔다. 실수를 저지르는 것은 당연한 게 되었고, 혼나는 것도 당연한 게 되었다.

나도 그렇고 이것을 읽는 사람들도 그렇고 군대 얘기는 별로 좋아하지 않으니 간단하게 얘기하면, 나의 군대에서 나의 정신이 완전히 파괴되어 정신병원에 입원하게 됐다는 것이다. 나는 정신병동에서 많은 사람들을 만나게 되었다. 마음의 병이 있는 사람들이 모인 곳이다 보니 사건 사고가 정말 많이 일어났다.

나 또한 사건의 주인공이 되기도 했다. 사람들과 잦은 말다툼이 있었는데, 나는 분노를 참지 못하고 책상을 발로 차고 소리를 지르는 상황에서 나를 말리려 사람들이 달려들었다. 그리고 평소 나와 가장 많이 얘기했던, 형이 내게 진정하라며 소리쳤다. 내 한 손에는 컵이 들려 있었고, 나는 내가 언제 컵을 집었는지도 알지 못했다.

먹는 약의 양은 상당했고, 나중에는 약의 양이 많아지고 리튬 수치가 올라가자 링거를 꽂아야 할 상황이 되기도 했다. 그래도 나는 살아가야만 했다. 내가 나를 믿지 못함에 사건이 터질 때마다 나는 예민하게 반응했고, 거칠 게 반응했다. 신경이 날카로워져도 약만 먹으면 진정이 되고 잠이 쏟아졌다.

한 달 만에 살은 15kg이 빠졌다. 점점 나의 존재는 희미해졌다. 그럼에도 내가 버틸 수 있었던 것은 사람들과 대화하는 것을 좋아했기 때문이다. 조현병 환자 중에 자신이 예수라는 사람이 있었는데, 벽에서 우주선이 나오고 있다고 내게 얘기해 주었다. 나는 그것을 듣고 질문을 했다. "우주선은 어떻게 생겼어요?" 그러자 그분은 내게 친절히 우주선이 어떻게 생겼는지 알려 주셨다.

어떤 이는 자신의 아버지를 칼로 찔러 들어왔는데 나는 그 사람과도 얘기하는 것을 즐겼고, 허언증이 심한 사람과도 얘기하는 것을 즐겼다. 그리고 전 여자 친구였던 사람과도 많은 얘기를 했었다. 내 마음의 믿을 만한 신념이 없기에 타인에게 많은 것을 의존했다. 그곳에서 나는 사람들이 있었기에 버틸 수 있었다.

그리고 꾸준한 약물치료와 상담을 통해 나는 퇴원할 수 있는 상태가 되었다. 나의 상태는 다시 원점으로 돌아왔다. 나의 마음에는 공허함만이 남았다. 처음부터 다시 시작하는 것이 두렵기도 했고 설레기도 했다. 나는 식당에서 일을 했고 많은 사람들과 소통하며 웃기도 하고 울기도 했다. 정신병동 생활에 비해서 비교적 평범하게 사는 것이 그때 나에게는 너무 큰 즐거움이었다.

식당에서는 열심히 일하고 전에 했던 같은 실수를 하지 않기 위해 화내지 않고 나의 의견을 전하는 방법을 연습했다. 수많은 시뮬레이션을 돌리며 나는 답변을 했다. 시간이 지나고 나는 식당을 옮겨 일하기 시작했는데, 그곳에서 나는 두 번째 스승님을 만나게 되었다.

나는 술을 마시며 세상을 살아가는 법을 배웠다. 그리고 인간관계의 회복의 중요성을 알게 되었다. 나는 나의 가족들과 화해를 했고 주변 친구들과 완만한 관계를 가지게 되었다. 그리고 교회를 다시 다니고 싶었는데, 전에 다니던 개척교회는 자금 문제로 문을 닫았다.

그렇게 어떤 교회를 다닐까 생각하다가 예전에 그만뒀던 대형 교회를 다시 다니기로 했다. 그 교회에서 나는 성가대도 들어가 사람들과 즐거운 시간을 보내게 되었다.

그리고 마음의 안정을 찾을 때마다 나타나는 이 사랑이란 놈은 또다시 나에게 질문하기 시작했다.

이거면 돼? 이걸로 만족해? 너만 행복하면 되는 거야?

이번에 나는 이 질문에 성심성의껏 답하기로 했다. 나는 만족하지 않았다. 나는 더 성장하고 싶다. 나는 더 많은 사람들과 더 많은 얘기를 하며 같이 세상의 아름다움을 누리고 싶다. 그렇기에 나는 다시 일어나 진실을 외칠 것이다. 나의 존재를 구성하고 있는 타인들을 위해서 말이다.

그리고 그 사랑은 나에게 다가와 나를 안아 주었다. 그리고 공허로 가득한 내 마음의 조금씩 빛이 들기 시작했고, 사랑이란 그놈의 모습이 조금씩 보이기 시작했다. 그놈의 모습이 드러났을 때 나는 놀라지 않을 수 없었다.

그놈은 바로 내가 그동안 외면했던 내가 돼야 하는 나였다. 내가 세상 속에서 나를 포기하며 살았을 때에도 그는 나를 자기 자리를 지키며 나를 기다려 주었다. 그리고 정신이 파괴되어 입원하게 되었을 때에도 그는 내가 괜찮아질 것이라고 믿고 기다려 주었다. 내가 나를 잃지 않게 항상 어둡고, 좁은 곳에서 나에게 질문하기를 멈추지 않았다.

그는 나를 직시하고 나를 받아 줘서 고맙다고 말하며 나를 위로해 주고 있다. 내가 나를 사랑하기 시작하니 어떤 것도 무섭지 않았다. 지금 다니고 있는 회사에서 혼나도 다시 잘할 수 있다는 마음을 갖고 내가 친 사고를 최선을 다해 수습한다. 성가대에서도 배드민턴 모임에서도 내가 해야될 것을 최선을 다하고 사람들과 즐겁게 보내고 있다. 시간이 지나며, 나에게도 믿음과 신념이라고 할 만한 것들이 생기기 시작했다.

그 믿음은 내가 길을 잃을 때마다 나의 길을 알려 주었고 나의 삶에 동력이 되어 주었다. 믿음과 신념을 갖고 살아가며 내가 성장할 때마다. 나는 점차 내가 돼야 하는 내가 되고 있었다. 더 시간이 지나자 뉴스에서는 전쟁에 대한 보도가 나오고 있었다. 그리고 나는 나에게 질문했다.

이거면 돼? 이걸로 만족해? 너만 행복하면 되는 거야?

이 질문에 나는 내가 무엇을 할 수 있는지 생각했고, 글을 쓰기로 마음먹었다. 나는 직접적으로 세상 사람들에게 정의를 강요하지 않기로 했다. 그렇기에 앞에서는 사회생활에 최선을 다했고, 뒤에서는 글을 쓰기 시작했다.

내가 돼야 하는 나는 곧 내가 되어 가고 있었다. 사랑이 완전한 타인이었을 때 사랑은 낯선 것이었다. 하지만 사랑과 동화되었을 때 나는 내가 돼야 하는 내가 무엇인지를 어느 정도는 알았고, 내가 돼야 하는 내가 되려면 무엇을 알아야 하는지 배웠다.

타인과 세상 속에서 나는 나의 믿음과 신념을 쌓아 나갔고, 많은 경험을 통해 나의 능력을 쌓아 나갔다. 나를 형성해 주고, 존재 의미를 넓혀 주는 타인을 위해 난 타인의 사랑이 되어 주기로 결심했다. 나는 글을 통해 사람들에게 질문을 하기 시작했다. 나는 사랑과 비슷해지기 위해 항시 노력했다. 사랑은 나의 롤 모델이 되었다.

나는 누군가의 사랑이 되어 주기로 했다. 그리고 나는 책을 통해 그들에게 질문하고, 나는 내게 도움을 요청하는 사람이 존재하는 한 그들을 위해 기다려 주기로 했다. 사랑이 나를 기다려 주었던 것처럼 말이다. 나는 타인에게 진정으로 필요한 것이 무엇인지 고민하고, 질문을 통해 자신 스스로가 진정 원하는 것을 깨달을 수 있게 도와주기로 했다.

사랑은 나와 동떨어진 존재가 아니다. 사랑은 내 안에 있으며 나의 일부다. 사랑은 어디에나 있다. 사랑을 중심으로 나의 믿음과 신념이 형성되고, 믿음과 신념을 갖고 세상을 살고, 타인을 만나며 나의 경험이 쌓일 때 나의 존재 의미는 넓어져 간다.

사랑은 어디에나 존재하고 있다. 세상 어디에나 있다. 보고 듣는 모든 것에 사랑은 존재한다. 나에게 사랑은 신이다. 내게 추상적이었던 사랑이 내게 했던 질문에 답을 하면 할수록, 적극적으로 교류하면 할수록 점점 내게 인격적으로 다가왔다. 사랑과 교류할 수 있게 된 난 세상에 존재하는 사랑을 볼 수 있게 되었다.

사랑을 볼 수 있게 된 난 타인이 세상의 소음으로 듣지 못하는 사랑의 질문들을 대신해 주기로 했다. 물론 직접적인 방법이 아닌 글을 쓰는 방법으로 말이다. 사랑의 존재를 믿지 못하는 세상은 점점 진실과 거짓을 구분할 수 없게 되었고 타인의 고통에 무감각해졌다. 타인의 고통스러운 신음과 표정은 우리에게 어떠한 것을 전하려는 듯 나의 정의감을 자극한다. 그것이 사랑의 목소리라는 것을 우리는 알아야 한다. 우리는 좀 더 사랑의 목소리에 귀를 기울일 필요가 있다.

지금까지 내가 사랑과 어떻게 교류했는지 사랑을 인격적으로 표현하여 서술해 봤다. 지금부터는 내가 서술한 내용을 중심으로 사랑의 특성을 몇 가지 정리해서 서술해 볼 생각이다.

• 기다려 주는 사랑

　사랑은 나를 기다려 준다. 내가 어떤 모습이든 사랑은 내가 변하기를 바라며, 기다려 준다. 기다린다는 것은 온화하다는 것이다. 변하기를 강요하지 않는다. 사랑은 내가 관심을 주기 전까지는 어떤 행동을 하지 않는다. 폭력적이지 않은 방법으로 우리의 변화를 이끌어 낸다. 우리가 반응하기 전까지는 사랑은 무해하면서도 무익하다.

　일방적으로 사랑은 우리에게 질문한다. 명령적이지 않다. 사랑의 질문은 스스로가 자신의 모순을 깨닫게 해 준다. 사랑은 우리에게 명령하지 않는다. 변화하기를 바라지 않은 자에게 변화하기를 강요하지 않는다. 사랑은 온화하며 따뜻하고 나를 존중해 준다. 사랑은 나의 모든 것을 사랑해 준다. 나의 죽음까지도 말이다. 세상을 살아가기 바쁘고, 시끄러운 사회생활로 인하여 사랑의 질문을 듣지 못할 때에도 사랑은 나를 기다려 준다.

　사랑은 내게 질문하는 방식으로 작동한다. 죄책감과 고통, 슬픔을 통해 사랑은 내게 질문한다. 나의 변화의 필요성이 있다는 것을 알려 주기라도 하듯 말이다. 사랑은 죄책감과 고통, 슬픔을 통해 내게 질문하고 내가 그 질문에 반응했을 때 사랑은 내게 성장할 수 있다 말해 준다. 내가 변화하고 성장할 수 있게 끊임없이 질문한다. 사랑의 질문에 내가 답하면 나의 변화는 시작되고, 나는 성장한다.

지속적인 질문에 답을 하면 할수록 내가 할 수 있는 답은 풍성해질 것이고, 깊어질 것이다. 그렇게 나는 사랑으로 인해 긍정적으로 변화하고, 성장한다. 그러다 내가 사랑의 소리를 다시 못 듣게 되더라도 사랑은 나를 기다려 주며, 끊임없이 질문할 것이다.

내가 성장하고 변하는 과정 속에서도 사랑은 나를 존중하고 배려하며, 넘어져도 괜찮다고 격려해 준다. 사랑은 자신의 질문의 우리가 답하기만을 기다리는 것이 아닌, 자신의 질문에 답하며, 성장하고 변화하는 나를 기다려 준다. 사랑의 기다림은 끝이 없다.

사랑의 기다림의 대상은 나뿐만이 아닌 세계도 대상이 된다. 사랑의 넓이와 깊이는 헤아릴 수 없는 것이다. 사랑은 차별하지 않고 기다려 준다. 세계가 변하고 성장하길 바란다. 여기서 말하는 변화와 성장은 기술을 얘기하는 것이 아닌 정신적인 변화와 성장을 얘기하는 것이다. 사랑의 기다림은 과거에도 있었고 지금도 있으며 미래에도 계속될 것이다.

• 불변하는 사랑

사랑은 변하지 않는다. 변화하는 것은 나의 정신과 마음이지 사랑은 언제나 같은 모습으로 나를 지켜봐 준다. 사랑은 이미 완성된 상태다. 사랑이 내게 하는 질문에 답하면 할수록 나는 사랑을 닮게 된다.

사랑은 세상 어디에나 존재한다. 사랑의 질문에 세상이 답하기 시작하고 답이 풍성해지면 풍성해질수록 세상은 사랑을 닮아 간다. 사랑은 물질이 아니다. 사랑은 정신적인 것이다. 그렇기에 글로 모든 것을 설명할 수 없지만, 완전하다는 것만은 우리가 알 수 있다.

우리는 그저 사랑을 향유하는 정도지 사랑의 모든 것을 알 수는 없다. 우리는 사랑을 닮을 수는 있지만, 사랑 그 자체가 될 수는 없다. 사랑을 닮는다는 것은 내가 성장한다는 것이다. 성장하면 성장할수록 우리는 조금씩 사랑을 닮아 간다. 하지만 우리가 신이 될 수 없듯 우리는 완전해질 수 없다.

사랑을 닮는다는 것은 사랑의 특징들을 내가 배운다는 것이다. 사랑을 닮은 자는 타인의 변화를 바라지만, 강요하지 않으며 명령하지 않는다. 사랑을 닮은 자는 언제나 기다림과 질문으로 타인의 변화를 이끌어 낸다.

사랑을 닮은 자는 변하지 않는 마음으로 타인을 기다려 주는 자다. 그렇지만, 우리는 부족한 존재이기에 변심하고, 못 기다려 줄 때가 있다. 그 럼에도 사랑을 넓으려 하면 할수록 마음이 변하지 않는 시간과 타인을 기 다려 주는 시간은 점점 늘어날 것이다.

• 이타성을 요구하는 사랑

사랑은 나의 성장과 평화를 넘어 타인과 세상의 변화를 추구한다. 내 마음속에서 나에게 질문하던 사랑은 내가 어느 정도 성장했을 때 타인에게 관심을 갖는다. 사랑을 닮으려 노력했던 나는 타인에게 정의를 강요하지 않는다.

언제나 온화하고 따뜻한 방법으로 타인의 변화와 성장하기를 바란다. 타인에게 강요하지도 않고 화를 내지도 않으며, 스스로 변할 수 있게 질문하는 것이다. 타인의 변화와 성장을 항상 옆에서 응원할 뿐 타인의 잘못을 지적하지 않는다.

사랑이 나에게 고통과 슬픔 죄책감을 통해 질문하듯 타인의 슬프고 고통스러운 표정은 나에게 질문한다. 내가 그 질문에 답변하기 시작할 때의 나는 성장할 수 있게 된다. 그리고 내가 타인에게 다가가 질문을 하고 타인이 그 질문에 답하기 시작할 때 타인의 변화는 시작된다.

사랑의 소리를 듣지 못했던 것은 우리뿐만이 아닌 세상 또한 사랑의 소리를 듣지 못했다. 그렇기에 세상은 폭력적이고 섬세하지 못하게, 타인을 대한다. 그들은 저급한 방법으로 타인을 조종한다. 그들이 타인에게 원하는 것은 노동력이다.

세상 또한 혼란스럽기는 마찬가지다. 너무 많은 문제들이 뒤섞여 무엇이 진정으로 필요한 것인지 알지 못하게 됐다. 무엇이 거짓이고 진실인지 우리는 알지 못하게 되었다. 사랑의 소리를 듣지 못하게 된 세상은 타인에게 자신을 위해 변하기를 강요한다.

그들 스스로가 혼란스러우니 사랑의 소리를 들을 여유가 있을 리가 없다. 그들은 타인의 변화를 기다려 주지 않는다. 그들은 합리성과 효율성을 따질 뿐 개인의 다양성을 존중해 주지 않는다. 그 결과 기술과 세상은 빠르게 변화했지만, 거기에 적응하지 못하는 개인의 개인성은 묵살된다.

또한 존재 의미에 대한 고찰은 사랑의 질문에서 시작되지만, 그 소리를 듣지 못하는 사람은 존재 의미도 모른 채 그저 세상에서 자신의 가치를 판단받고, 세상이 부여한 가치를 갖고 살아간다. 세상이 우리의 의미가 가치 없다고 생각하는 것을 보여 주기라도 하듯 전쟁에서 사람들은 아무 의미 없는 죽음만을 지속할 뿐이다.

그런 상황 속에서 사랑의 질문은 많아져 가고 거기에 답변하기 버거웠던 나는 때로는 절망하지만, 그럼에도 해야 되는 것을 알기에 조금 쉬고 다시 일어나 나의 방법으로 사랑이 내게 던지는 질문에 답을 한다. 나는 글 쓰는 방식으로 사랑의 질문에 답을 하고, 누군가는 그들만의 방식으로 사랑의 질문에 답을 한다.

• 다양성을 존중하는 사랑

사랑은 우리의 다양성을 존중해 준다. 각자가 자신의 존재의 의미를 형성하는 것을 존중해 준다. 그리고 그런 존재 의미의 뿌리가 되는 것이 바로 사랑이다. 처음에 우리는 사랑의 질문에 답하는 방식으로 건강한 믿음과 신념을 갖고, 그 믿음과 신념을 키워 나간다. 그리고 그 믿음과 신념을 갖고 살아갈 때 우리는 타인들과 만나고 세상을 살아가면서 자신의 존재 의미를 형성해 나간다.

나와 타인의 자유를 존중해 주는 것이 사랑이다. 사랑의 질문을 무시하는 세상에는 나와 타인의 자유가 제대로 존중받지 못하고 배려받지 못한다. 우리는 대부분 비슷한 길을 걸어가고, 대부분 비슷한 생각을 갖고 살아간다. 세상에 익숙해진 우리는 자신의 길을 걷는 것을 두려워한다. 세상은 우리의 다양성을 이해하지 못한다는 듯 사람들을 교육하고, 취업이란 목적을 갖고 살아가게끔 세상을 설계했다.

나는 소통을 할 때 세상에 기준에 맞춰 대화하는 사람에게 별로 흥미를 갖지 않는다. 그의 눈에는 생기가 돌지 않고, 그가 하는 말에는 전혀 사랑이 느껴지지 않으며, 그 사람의 인생은 이미 내가 알고 있을 확률이 크다.

내가 진정으로 관심 있어 하는 소통은 누구나 가지고 있지 않은 자신만의 이야기를 하는 사람과의 소통이다. 그런 사람들은 자신의 이야기를 할 때 눈을 반짝거리며, 자신만의 이야기를 한다. 그런 사람 말에서는 누군가가 가지고 있지 않은 사랑을 담고 있다. 그것이 정의를 위한 사랑이 아닌 자신을 사랑하는 것임에도 그것만으로도 나는 그 사람과의 이야기가 즐겁다. 자신을 사랑한다는 것은 자신을 존중하고 배려할 줄 안다는 것이다.

그런 사람은 자신이 가지고 있는 고유의 존재 의미를 사랑한다는 것이다. 그리고 존재 의미를 사랑하는 그는 타인과 세상을 살아가며, 자신만의 존재 의미를 키워 나간다. 존재 의미는 타인과 세상을 교류하며 성장하고, 성장하면 할수록 그 사람이 가지고 있는 고유한 존재의 의미는 점점 아름다워진다. 나는 그런 사람과의 아름다운 얘기를 나누는 것을 아주 좋아한다. 그렇기에 사람들의 고유성과 다양성을 존중해 주지 않는 세상이 안타깝지 않을 수가 없다.

더군다나 그런 개인의 존재 자체를 지워 버리는 사건이나 전쟁이 더 심해지거나 재발하는 것을 막기 위해 최선을 다해야 된다고 생각한다.

• 죽음까지도 사랑하는 사랑

사랑은 죽음까지도 사랑한다. 내 말이 죽음을 긍정적으로 보라는 것은 아니다. 내가 정의하고 있는 사랑은 고통과 슬픔 그리고 죄책감을 통해 나에게 질문한다. 내가 정의하고 있는 사랑은 기쁨과 행복이란 감정들과는 거리가 먼 단어일 수도 있다. 사랑은 슬픔과 고통 속에서 평정심을 찾게 해 줄 뿐 우리를 행복하게 해 주지는 않는다.

나의 죽음을 사랑한다는 것은 내게 찾아올 가장 불행한 날까지도 사랑하라는 것이다. 죽음이란 것을 우리가 정의 내릴 수는 없지만, 타인의 죽음을 통해 어느 정도 죽음이란 무엇인지를 간접경험 하게 된다. 그로 인해 우리는 우리의 죽음이 미래 어딘가에서 내가 오기만을 기다리고 있다는 것도 알 수 있다. 나는 그 죽음을 거스를 수 없으며, 나도 언젠가 죽게 될 것이라는 것을 알고 있다. 죽음은 우리에게 두려움과 공포의 대상이다.

지금 세상은 그 죽음을 극복하려 많은 시도를 했으나 단 한 번도 인류는 죽음을 극복한 적이 없다. 세상이 그렇게나 죽음을 극복하려는 이유는 자신의 존재가 세상에서 사라질 것이라는 두려움 때문이다.

내 인생에 죽음이란 것이 다가와 속삭일 때가 있었다. 그는 내게 나는 누구에게도 도움이 되지 않으며, 세상조차도 나를 버렸다고 얘기했다.

나는 수백 번 수천 번 그 질문을 들으면서도 죽지 못해 살아 있었다. 다행이었던 것은 세상과 등을 지고 있었고, 누구와도 소통하지 않았을 때라 나의 내면을 들여다볼 수 있었다는 것이다.

내면을 들여다보자 사랑은 내게 질문했다. "너 죽음이라는 녀석한테 굴복할 거야?" 이 질문에 나는 아무 대답하지 못했다. 시간이 지나자 나는 그 질문에 답하기 시작했다. 죽기 싫다고 살고 싶다고 그러자 사랑은 내게 또다시 질문했다. "너는 누구야?" 이 질문에 나는 조금씩 대답했다. 그리고, 조금씩 나의 믿음과 신념을 갖게 됐고, 나의 존재 의미를 갖게 되었다.

내가 어떻게 살아가야 될 것인가와 내가 어떻게 죽을 것인가라는 질문은 같은 질문이라는 것을 나는 알았다. 나의 존재 의미가 없던 나는 죽은 거와 같았다.

나는 타인의 존재 의미를 구성하기에 내가 죽는다 해도 나의 정신은 타인의 정신 속에 살아 숨 쉰다. 나의 정신은 죽지 않는다. 그 사실을 인지하는 것만으로 나는 더 이상 죽음이 두렵지 않았다.

내가 어떤 식으로 타인의 정신을 구성할지는 굉장히 중요한 문제다. 나의 죽음이 끝까지 사랑을 근본으로 두고 타인에게 사랑을 전하며 살다가 죽었다면, 나는 평생을 사람들의 정신 속에서 당당하게 살아 있을 것이다.

하지만 그렇지 못한 사람이 마지막까지 구질구질하게 죽음을 맞이했다면, 저 사람처럼 살지 말아야 된다는 교훈을 주는 식으로 타인의 정신을 형성할 것이다. 내가 멋지게 타인을 형성하는 멋진 사람으로 살다 죽을지, 찌질하게 타인을 형성하고 한심한 사람으로 죽을지는 내가 선택할 문제다.

히틀러는 타인을 그렇게 많이 죽여 놓고도 뭐가 그리도 무서웠는지 자살로 삶을 포기했다. 히틀러는 아직까지도 우리 정신 속에 찌질하게 살아 숨 쉰다. 그 어떤 것도 책임질 수 없던 사람의 말을 믿고 행동한 결과 세상은 큰 혼동에 빠지고 말았다.

지금도 많은 이들이 안타까운 목숨을 아무 의미 없는 전쟁 때문에 잃고 있다. 내가 나의 죽음까지도 사랑해야 되는 것처럼 타인의 죽음까지도 사랑해야 할까?

물론 나는 타인의 죽음까지도 사랑해야 된다고 믿는다. 타인의 죽음을 사랑하는 것은 나의 죽음을 사랑하는 것과 다르지 않다. 그들의 죽음은 슬픔과 고통이란 언어로 내게 질문한다. 세상에 잘못된 것이 없는지 내게 물어본다.

그들의 죽음은 나의 정신을 슬픔과 고통으로서 형성한다. 그 슬픔과 고통을 대변하듯 나는 지금 글을 쓰고 있다. 그들의 죽음은 내게 책임감으로 다가왔고, 내 정신 속에 살아 숨 쉬는 그들이 안정을 찾을 수 있게 나는 세계가 변화할 수 있게 노력 중이다.

내가 어떻게 살아가고, 어떻게 죽을 것인가에 대한 답을 하기도 전에 불의에 사고로 혹은 무의미한 전쟁으로 죽은 이들의 죽음에 대한 슬픔은 사랑의 최종적인 질문이 된다. 지금 나는 그 사랑에 답을 다는 중이다.

● 과정으로의 사랑

　사랑은 정답이다. 하지만 우리는 사랑이란 시험 앞에 100점을 맞을 수는 없다. 우리는 100점을 향해 달려가고 있을 뿐 우리는 신이 아니기에 100점을 맞을 수 없다. 사랑은 우리의 답을 정해 주지 않는다. 자신의 질문에 우리의 생각이 무엇인지를 들어 줄 뿐이다.

　사랑은 우리의 자유의지를 존중해 준다. 그 과정에서 사랑은 죄책감과 고통과 슬픔이란 언어를 통해 우리에게 질문을 해 주고, 우리의 삶에 올바른 방향성을 가르쳐 준다. 우리는 사랑의 목소리에 집중하면 할수록 세상의 소리는 희미해지는 것을 느낄 수 있다.

　사랑은 우리가 성장하기를 바란다. 또한 나의 믿음과 신념을 갖고 살아가기를 바란다. 그리고 믿음과 신념을 통해 세상 속에서 자신만의 존재 의미를 형성하기를 바란다. 사랑은 나를 돌아보고, 자신의 잘못된 점을 바로잡기를 원한다.

　어느 정도 내가 안정을 찾았을 때 사랑은 내게 타인을 사랑하기를 원한다. 사랑이 했던 질문들을 나는 이제 나의 입으로 타인에게 하기 시작했다. 사랑을 기반으로 한 관계를 갖기 시작한 것이다.

　그리고 사랑은 타인에게 또다시 타인을 사랑하기를 요구한다. 이렇게 사랑은 세상 어디에도 존재하고 있다. 세상은 사랑이란 존재로 연결되어

가고 있다.

사랑은 우리의 과정을 함께해 준다. 사랑은 내가 가는 모든 곳에 존재한다. 하지만 세상은 사랑의 존재를 눈치채지 못한다. 사랑은 정신세계의 근본이 되는 존재다. 그렇기에 물질적인 부분을 강조하는 세상에게 사랑의 목소리가 들릴 리가 없다. 그들은 물질을 위해 자연을 파괴하고, 인간의 노동력을 착취한다.

그렇다고 내가 물질보다 정신이 더 중요하다라고 얘기하는 것은 아니다. 내 생각에는 물질과 정신의 균형이 잘 맞아야 된다는 것이 내 생각이다. 물질의 규칙은 세상에 많이 알려졌으니 나는 정신세계의 규칙을 얘기하고 싶을 뿐이다. 모든 것의 근본은 사랑이며, 사랑의 질문을 따라 우리는 믿음과 신념을 갖고, 책을 읽고, 타인을 만나고, 세상을 여행하며 자신의 존재 의미를 쌓아 가는 과정을 겪게 된다.

세상이 사람들의 존재 의미의 중요성을 알게 되면 아마 지금처럼 사람들의 노동력을 착취하거나 전쟁으로 인해 사람들이 죽는 일은 없을 것이라 생각한다. 세상은 좀 더 사랑의 말에 귀 기울일 필요가 있다고 생각한다.

지금까지 '사랑이란 무엇인가?'에 대해서 얘기를 나눠 봤다. 세상 속에서 살아가는 나를 사랑하기 위해서는 나라는 사람이 누구인지 알아야 하며 내가 앞으로 만나게 될 타인이 누구인지 알아야 한다. 그리고 내가 살아갈 세상이 어떤 곳인지 파악할 수 있어야 한다.

최근 뉴스를 통해 보도되는 전쟁 뉴스는 타인의 존재를 지워 나갔다. 내가 나를 사랑하기 위해서 나는 사랑이 내게 하는 질문에 답할 수밖에 없었다. 내가 나를 사랑한다는 것은 나쁜 것은 버리고 좋은 것을 채우는 과정이다.

　내가 나를 성장시킬 때의 타인의 존재는 필수적이다. 타인은 나의 정신을 형성하는 존재다. 그렇기에 사랑은 타인의 존재가 파괴되는 것을 막기를 바라고, 일상이 파괴된 사람들의 일상을 빨리 되찾기를 바란다.

　나는 사랑의 목소리에 귀를 기울이며 앞으로도 나는 나를 사랑할 것이다. 사랑은 나의 변화와 성장을 응원하고 있으며, 나의 존재 의미를 찾아가길 바랄 것이다. 그 가운데에서도 나의 죽음까지도 사랑하길 원한다. 나는 어떻게 살아가야 되는지 알기에 어떻게 죽어야 되는지도 안다.

　그리고 타인의 죽음까지도 나는 사랑할 것이다. 타인의 죽음이 주는 슬픔은 사랑이 내게 질문하는 것이다. 그 질문에 나는 책임감을 갖고 그들의 죽음을 나의 정신에 새기고 평생을 기억하며 살아갈 것이다. 그들은 우리 정신 속에 살아 숨 쉬고 있다. 그들은 나를 형성하고 있다. 나는 그 모든 것까지도 사랑할 것이다. 그것이 세상 속에서 내가 나를 사랑하는 방법이다.

내가 나를 사랑하기까지

ⓒ 전이래, 2024

초판 1쇄 발행 2024년 2월 13일

지은이   전이래
펴낸이   이기봉
편집   좋은땅 편집팀
펴낸곳   도서출판 좋은땅
주소   서울특별시 마포구 양화로12길 26 지월드빌딩 (서교동 395-7)
전화   02)374-8616~7
팩스   02)374-8614
이메일   gworldbook@naver.com
홈페이지   www.g-world.co.kr

ISBN   979-11-388-2767-6 (03190)